Alte und neue FISCHREZEPTE aus Hirtshals

ALTE UND NEUE FISCHREZEPTE AUS HIRTSHALS

Das Buch wurde bearbeitet durch Bodil Jensen,
Minna Nielsen und Gurli Petersen.

Umschlag und Illustrationen: Christian Hougaard Hansen.
Logo und Ornamente: Else Hvidberg.

Übersetzung und deutsches Vorwort: Rudolf Preuss.

ISBN 87-983704-1-3
5. Auflage 1999

Herausgeber: Nordsømuseets Verlag, DK-Hirtshals
Verkauf: Informationscenter des Norseemuseums, DK-Hirtshals
Tel. 98 94 44 44
Druck: Martensens Buch- und Offsetdruck, DK-Hirtshals

VORWORT

Wenn dieses Fischkochbuch nun in einer deutschen Ausgabe vorliegt, dann liegt das einmal an dem grossen Interesse, das die dänische Ausgabe hervorrief und auch an der Absicht der Herausgeber, den vielen deutschen Besuchern Dänemarks etwas von ihrer Esskultur zu erschliessen.
Die Bewohner Dänemarks haben immer in einem besonders dichten Verhältnis zum Meer gelebt. Sie kennen das Meer, das sich von seinen guten Seiten zeigt, wenn es Nahrungslieferant und billiger Transportweg für Waren aller Art ist. Aber die Menschen hier kennen auch seine bedrohlichen Seiten, wie die Winterstürme, die immer wieder selbst grössere Schiffe zum Kentern bringen können.
Wer könnte besser über Fische und ihre Zubereitung berichten, als die Menschen, die seit Generationen an der Küste leben und denen Fisch Nahrungsquelle und Erwerb in einem war und es auch heute noch teilweise ist?
Dieses Buch soll eine Einladung sein, etwas von Dänemark kennenzulernen, wo es am »schmackhaftesten« ist.
Probieren Sie einmal das reichliche und frische Angebot an Fischen aller Art. Sicher gibt es einige darunter, die Sie noch nie vorher gesehen haben. Das deutsch-dänische Fischlexikon am Ende des Buches hilft Ihnen bei der Namensfindung weiter. Und die vielen Rezepte halten Anregungen für jeden Geschmack bereit.

Viel Vergnügen und guten Appetit!

INHALTSVERZEICHNIS

ETWAS ÜBER FISCH

Dänemark hat eine im Verhältnis zur Grösse des Landes ungewöhnlich lange Küstenlinie. Deswegen kann man immer frischen Fisch bekommen.

Die Fischarten, die in diesem Buch behandelt werden, leben alle im Meer. Lachs und die Fische aus der Familie der Lachse können aber auch in Süsswasser leben.

Fisch soll so frisch wie möglich genossen werden, weil sich Fischfleisch wegen seines hohen Wassergehalts nur kurz hält.

Kennzeichen für frischen Fisch sind:

1. Der Fisch soll einen frischen und guten Geruch haben.
2. Die Schuppen sollen blank und glänzend aussehen.
3. Die Augen sollen klar sein, nicht rot, eingesunken oder von einer Haut bedeckt.
4. Die Kiemen sollen schön rot aussehen und nicht schleimig.
5. Wenn man mit einem Finger auf das Fischfleisch drückt, soll es sich wieder aufrichten. Einen schleimigen und schlecht riechenden Fisch soll man nicht verwenden.

Magere Fische sind Dorsch, Schellfisch, Wittling und Seelachs. Plattfische wie Scholle, Steinbutt, Seezunge und Scharbe haben etwas mehr Fett im Fleisch.

Zu den fetten Fischen gehören Hering, Makrele, Lachs, Aal und Heilbutt. Diese Fische halten sich länger frisch als magere Fische, weil ihr Fleisch weniger Wasser enthält.

Ernährungsfachleute raten seit vielen Jahren dazu, einmal in der Woche Fisch zu essen. In den letzten Jahren hat man dazu aufgefordert, dieses sogar mindestens zweimal pro Woche zu tun.

Fisch enthält viel wertvolles Eiweiss (Proteine), Vitamine und Mineralien.

Im Fett findet man besonders wertvolle mehrfach ungesättigte Fettsäuren, die das Risiko für Herz- und Kreislaufkrankhei-

ten herabsetzen, weil sie die Blutadern erweitern und den Inhalt von Fett und Cholesterin im Blut senken.
Die fetten Fischen haben den höchsten Inhalt dieser mehrfach ungesättigten Fettsäuren, Dorsch hat den geringsten.
Wenn man nur 30 Gramm Fisch pro Tag geniesst, setzt man das Risiko für Herz- und Kreislaufkrankheiten deutlich herab.

Fischgruppe 1990

Bodil Jensen
Mary Jensen
Bodil Kjeldgaard
Kristian Kjeldgaard
Minna Nielsen
Gurli Petersen
Jenny Sørensen
Irene Thomsen
Mie Winther

SCHOLLEN

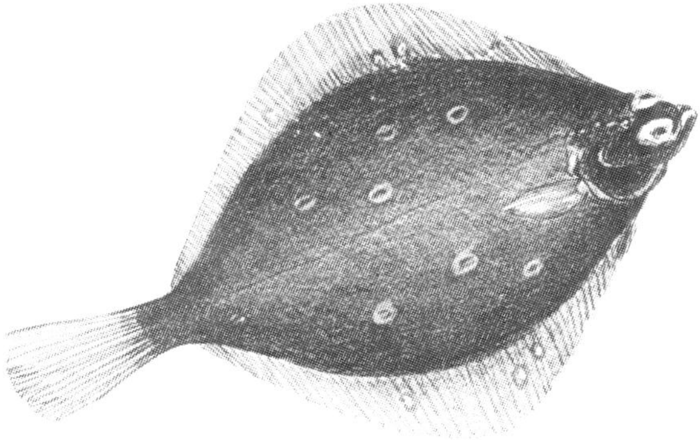

27-50 cm.
Das ganze Jahr über erhältlich,
am besten aber im Frühsommer.

FISCH A LA ROSALY

800 g ausgenommener Dorsch
oder 8 Schollenfilets
50 g Margarine
1 grosse Zwiebel, gewürfelt
100 ml. Gewürzgurken, gewürfelt
100 ml. Ananas in Stücken
1 grüne Paprikaschote in
kleinen Würfeln
100 ml. Brühe
4 Essl. Zucker
6 Essl. Essig
1 Essl. Sojasosse
2 Teel. Maizena
etwas Wasser

Dorsch in Scheiben schneiden, in Mehl wenden und braten. Schollenfilets genauso behandeln. Den Fisch warm stellen. Zwiebeln und Paprika in 25 g Margarine 2 Minuten anschwitzen, die übrigen Zutaten dazugeben und erwärmen, mit in etwas Wasser angerührtem Maizena binden.
Die Sosse über den warmen Fisch geben, mit Reis servieren.

FISCH IN DER FORM

¾ - 1 kg Schollenfilets
1 Dose Tomaten
1 Dose Champignons
100 g Butter
Salz, Pfeffer
2 Teel. zerkleinerter Estragon
2 Essl. Zitronensaft
200 g Krabben

Den Fisch in eine gefettete ofenfeste Form legen. Tomaten mit der Flüssigkeit darüber giessen. Champignons ein paar Minuten in Butter rösten. Salz, Pfeffer und Zitronensaft dazugeben und in die Form füllen. Butterstücke darüber verteilen und bei 225 Grad 35 Minuten in den Ofen stellen.
Krabben darüber verteilen, mit Estragon würzen und weitere 5 Minuten in den Ofen stellen.

FISCHPLATTE **Für 8 Personen**

10 Schollenfilets um einen Dillzweig gewickelt
100 g grosse Krabben
hartgekochte Eier in Scheiben
Dillzweige

1 Liter Fischbrühe
14 Blatt Gelatine

Fisch in Wasser unter Zugabe von Weisswein oder Estragon, Essig und Salz kochen. Den Fisch kaltstellen. Die Fischsuppe abschmecken und Gelatine dazugeben.
Krabben in eine Form legen, etwas Brühe darübergeben, in den Kühlschrank stellen bis es fast steif ist.
Schollenfilets darüberlegen und mit Dill und Krabben garnieren. Die übrige Brühe darübergiessen und in den Kühlschrank stellen. Das Gericht kann gut einen Tag vorher zubereitet werden.
Servieren mit Creme fraiche Sosse, abgeschmeckt nach eigenem Geschmack, und Brot.
Es sieht gut aus, den Rand mit Salatblättern und Tomatenscheiben zu garnieren.
Anstelle von Krabben kann man auch grüne Erbsen oder Karotten verwenden.

FISCHAUFLAUF

1/2 kg Schollenfilets
1 Dose Lachs
3 ganze Eier
1 Essl. Mehl

1 Zwiebel
100 ml. Sahne
100 ml. Creme fraiche
1-2 Essl. Zitronensaft

1 1/2 Teel. Salz
1/2 Teel. Pfeffer
100 g Krabben

Schollen, Lachs und Zwiebeln in der Küchenmaschine hacken und die übrigen Zutaten dazugeben. Die Hälfte davon in eine gefettete Form geben, die Krabben darauf verteilen, den Rest dazugeben.
im Wasserbad ca. 50 Minuten bei 175 Grad backen.
Mit Brot und Ravigotta Sosse (siehe: Kaltes Dorschgericht) servieren.

FISCHROLLEN 4 - 6 Personen

¾ kg Schollenfilets
Salz, Pfeffer
Zitronensaft
50 g weiche Butter
1 grosse Zwiebel
1-2 Essl. gehackte Petersilie
400-500 ml. Tomatensaft
evtl. etwas trockener Sherry
gemahlener Estragon

Filets salzen und mit Zitrone beträufeln, 10 Minuten ziehen lassen. Zwiebeln hacken, mit Butter und Petersilie mischen, die Filets damit bestreichen, zusammenbinden und dicht in eine feuerfeste Form legen. Tomatensaft mit Salz, Zitrone, Sherry und Estragon abschmecken, über den Fisch geben, mit Folie abdecken und 20-30 Minuten bei 225 Grad in den Ofen stellen. Mit Brot, Reis oder Gemüse servieren.

FISCHROLLEN MIT KRABBEN UND SPARGEL

8 Schollenfilets
350 g gehackter Lachs
oder gewöhnlicher Fisch
(etwas Hummerfarbe)
800 ml. Wasser
2 Teel. Salz
100 g Krabben
1 Dose Spargel
400 ml. Creme fraiche
1 kleiner Teel. Salz
1/2 Teel. weisser Pfeffer
1/2 Teel. Paprika
Dill

Wenn man keinen Lachs hat, dann nimmt man gewöhnlichen gehackten Fisch, der fest sein soll. Man gibt etwas Hummerfarbe dazu, damit er hellrot wird. Den gehackten Fisch in die Fischfilets rollen. Diese hochkant in einen Topf stellen und 8-10 Minuten in leicht gesalzenem Wasser kochen.

In einer Form oder in einzelnen Portionen servieren. Mit Krabben und Spargel garnieren und mit einem Dressing aus Creme fraiche, das mit Salz, weissem Pfeffer und Paprika gewürzt ist, servieren.

FISCH HAWAII

8 Fischfilets
200 ml. trockener Weisswein
1/2 Teel. Salz
1 Dose Ananas (350 g)
200 g Mayonnaise
100 ml. Creme fraiche
1 Teel. Curry
1/2 Teel. weisser Pfeffer
1/2 Teel. Salz
100 g Krabben
1 Zitrone
2 Tomaten
evtl. Kaviar
Dill

Fischfilets zusammenrollen und binden, hochkant in eine Pfanne stellen, Weisswein dazugeben, leicht salzen, einen Deckel darauf legen und den Fisch ca. 5 Minuten kochen.
Fisch abkühlen lassen und auf eine Scheibe Ananas legen.
Mayonnaise mit Kräutern und evtl. 1-2 Essl. Ananassaft abschmecken. Dressing über die Fische geben. Mit Krabben, Zitrone, Tomaten, Gurken und Dill garnieren.
An Stelle von Schollen kann man auch einen Rest gekochten Dorsch verwenden.

FRECHE SCHOLLENFILETS

12 Filets
4 Lauchstangen in dünnen Scheiben (das Weisse)
1 Essl. Senf
1 Essl. Curry
2 Essl. Essig
2 Essl. Öl
5 Essl. Tomatenketchup
100 ml. Sahne
Kalt zusammenrühren

Schollenfilets in eine feuerfeste Form legen, Lauch etwas vorkochen und darüber geben. Die zusammengerührte Mischung über den Fisch geben. Mit Folie bedecken. Ca. 25 Minuten im Ofen bei 225 Grad backen.

FISCHLASAGNE

150 - 200 g Lasagneblätter (evtl. grüne)
Ca. 800 g Fischfilet (alle Arten)

Tomatensosse:
1 Zwiebel
2 Lauchstangen
1 grüne Paprikaschote
100 g Champignon
2 Stengel Blattsellerie
1 Dose Tomaten
2 Knoblauchzehen
1 Teel. Oregano
1 Bund Petersilie
Salz, Pfeffer
3-4 Essl. Öl (evtl. Olivenöl)

Bechamelsosse
25 g Butter
3 Essl. Mehl
400 ml. Milch
100 g geriebener Käse
Salz, Pfeffer
geriebene Muskatnuss

Gemüse reinigen, Zwiebel und Paprikaschote in Würfel schneiden, Lauch, Champignons und Blattsellerie in dünne Scheiben schneiden.
Zwiebel, ausgepresster Knoblauch, Lauch, Blattsellerie und Champignons in 3-4 Essl. Öl anschwitzen.
Die Tomaten zerkleinern und in die Gemüsemischung geben. Danach mit Oregano, gehackter Petersilie, Salz und Pfeffer abschmecken. Die Gemüsemischung einkochen (5-10 Minuten). Für die Zubereitung der Bechamelsosse die Butter in einem Topf schmelzen, Mehl darunter rühren, solange rühren bis sich Mehl und Butter verbunden haben. Unter ständigem Umrühren nach und nach Milch dazugeben. Die Sosse ein paar Minuten durchkochen, Käse dazugeben und mit Salz, Pfeffer und geriebener Muskatnuss abschmecken.
Eine feuerfeste Form mit etwas Öl oder Butter einfetten. Eine dünne Schicht Gemüsemischung auf den Boden legen. Darüber eine Schicht Lasagneblätter, dann die Hälfte des Fischs.

Darüber eine Schicht mit der Hälfte der Gemüsemischung und der Hälfte der Bechamelsosse. Darüber je eine Schicht Lasagneblätter, der Rest der Fischfilets und der Rest der Bechamelsosse. Mit etwas geriebenem Käse bestreuen.
Das Gericht bei 200 Grad 30 Minuten lang im Ofen backen. Mit grünem Salat servieren.

FISCH FLORENTINE

450 g ganzer Spinat
800 g Fischfilet

Bechamelsosse
25 g Butter oder Margarine
25 g (3 Essl.) Mehl
350 ml. Milch
Salz, Pfeffer
Saft von 1/2 Zitrone
evtl. geriebene Muskatnuss
3 Essl. Paniermehl
Butter zum Überbacken

Den Spinat in einem Topf auftauen. Solange kochen, bis alle Flüssigkeit auf dem Boden des Topfes verdampft ist.
Für die Zubereitung der Bechamelsosse die Butter in einem Topf schmelzen, Mehl hineinrühren, solange rühren, bis sich Mehl und Fett verbunden haben. Unter ständigem Umrühren nach und nach Milch dazugeben. Die Sosse ein paar Minuten durchkochen und mit Salz, Pfeffer, Zitrone und evtl. geriebener Muskatnuss abschmecken.
Eine feuerfeste Form, ca. 20×30 cm. gross, einfetten. Den Boden mit Spinat bedecken und leicht salzen. Die Filets in einer gleichmässigen Schicht auf den Spinat legen und salzen. Mit der Sosse bedecken und mit Paniermehl und Salz bestreuen. Zum Schluss ein paar Butterflocken darauf verteilen. Das Gericht bei 200 Grad ca. 30 Minuten im vorgewärmten Ofen backen. Mit gekochten Kartoffeln servieren.

GEFÜLLTE SCHOLLE

4 Personen

4 mittelgrosse Schollen
Salz
1 Ei
100 ml. Paniermehl
3 - 4 Essl. Butter oder Margarine

Garnierung
Zitrone und Petersilie

Füllung
100 g Krabben
1 Dose Champignons
1 Dose Spargel
100 ml. Sahne
1 Essl. Butter
1 Essl. Mehl
Salz, Pfeffer
Sherry

Die Schollen ausnehmen und enthäuten. Ein scharfes Messer längst der Wirbelsäule auf der dicken Seite des Fisches führen und die Filets lösen, so dass eine Tasche entsteht.
Den Fisch in Ei und gesalzenem Paniermehl wenden. In reichlich Fett auf beiden Seiten goldbraun braten. Während der Fisch brät, Sahne mit 200-300 ml. Saft von dem Spargel und den Champignons aufkochen. Butter und Mehl zusammenrühren und dazugeben.
Spargelstücke, Champignon und Krabben dazugeben. Mit Salz, Pfeffer und Sherry abschmecken. Die Fische auf eine Servierplatte mit der aufgeschnittenen Seite nach oben legen und die Füllung in die »Tasche« füllen. Mit einigen Krabben, Zitrone und Petersilie garnieren.
Mit Pellkartoffeln und geschmolzener Butter servieren.

GLASIERTE FISCHFILETS

Man rechnet 2-3 Filets pro Person

Die Filets in Wasser, Weinessig oder Weisswein dämpfen. Dann abkühlen und abtropfen lassen, auf geschnittenen Salat legen und halbsteife Brühe darüberziehen, so dass sie leicht bedeckt werden (500 ml. Brühe und 5 Blatt Gelatine).
Eine gute Creme fraiche Sosse dazureichen.
Garnieren mit kleinen grünen Erbsen, Tomatenscheiben und Zitrone. Auch Krabben eignen sich sehr gut dazu. Für dieses Gericht eignen sich Schollen, Steinbutt, Dorschnacken oder Lachsforelle und Lachsfilets.

ÜBERBACKENE SCHOLLENFILETS

4 Personen
12 Filets
250 g Champignon
1 Dose Spargel
1 Dose Krabben
1 kg Kartoffeln
2 Essl. Margarine
Salz, Pfeffer
2 Eier

Sahnesosse
1 Essl. Margarine
1 Essl. Mehl
Flüssigkeit vom Spargel
Sahne, evtl. Krabbenflüssigkeit
3 Essl. Weisswein
Salz, Pfeffer
Tomaten
Kresse oder Petersilie

Die Filets zusammenrollen und in eine gefettete ofenfeste Form legen. Champignons 10 Minuten in 25 g Margarine dünsten. Die Flüssigkeit für die Sosse verwenden, aufkochen und Sahne, Weisswein und Gewürze zufügen.
Champignon, Krabben und Spargel über den Fischen verteilen und die Sosse darübergiessen. Die Kartoffeln kochen, stampfen und mit Margarine, Salz und Pfeffer rühren. Kartoffelpüree an die Seiten der Form legen und ca. 25 Minuten bei 220 Grad backen.
Garnieren mit Kresse und Tomaten. Servieren mit Baguette als Mittagsgericht.

DIE KÖNIGIN DES MEERES

Eine ¾ Pfund Scholle pro Person.
Die gereinigte Scholle in einem Tuch oder Stück Küchenpapier trocknen, in Mehl und Salz wenden und in reichlich Margarine in der Pfanne goldbraun braten. Die »Königin« nur einmal wenden. Aber die Kröning dieses Gerichts sind die Beilagen.
125 g Margarine weiss rühren, dann langsam folgende Zutaten hineinrühren: 1 Essl. Salatöl, 1 Essl. Estragonessig, 2 Teel. Kapern, 1 Teel. feingehackte Gewürzgurke, 1 Teel. gehackte Petersilie und etwas gemahlenen weissen Pfeffer.
Mit Pellkartoffeln, Schwarzbrot oder Baguette servieren.

ORIENTALISCHER FISCHTOPF

600-700 g Fischfilet (Scholle, Flunder)
2 mittelgrosse Zwiebeln
1 Apfel
300 ml. Fischbrühe (evtl. aus Würfeln)
25 g Butter
1 Essl. Mehl
200 g Bohnensprossen
1 grüne oder rote Paprikaschote
Salz
1 Teel. Curry
1 Essl. Sojasosse

Die Filets waschen, trocknen und salzen. Die Zwiebeln fein hacken, den Apfel grob reiben und die Paprikaschote würfeln. Die Butter in einem Topf schmelzen. Zwiebeln, Apfel und Curry hineinmischen, Mehl zugeben und kräftig rühren. Die Brühe nach und nach unter ständigem Umrühren dazugeben. Die Hälfte der Paprikaschote und ⅔ der Bohnensprossen dazugeben. Abschmecken mit Salz und Sojasosse. Die Fischfilets mit der Aussenseite nach innen zusammenrollen und hochkant im Topf plazieren. Die Reste der Bohnensprossen und der Paprikaschote darüber verteilen. Nicht im Topf rühren, einen Deckel drauflegen und das Gericht 10 Minuten garen. Servieren mit losem Reis.

Variationsmöglichkeiten: Alle Fischarten können verwendet werden. Bei Dorsch oder anderen grösseren Fischen schneidet man die Filets in passende Stücke, ca. 3 cm, und rollt sie nicht zusammen. Bei fettem Fisch, wie z.B. Hering oder Makrele, soll das Gericht 15 Minuten garen.

OFENGEDÄMPFTE FISCHFILETS

800 g Fischfilet (alle Arten)
250 g Champignon
2 Karotten
100 ml. Weisswein
(oder etwas Zitrone)
1 Zitrone
3 Stangen Lauch
1 Bund Dill oder Petersilie
10 g Butter

Die Filets waschen, trocknen und salzen. Die Champignons und die Lauchstangen reinigen und die Karotten schälen.
Butter in einem Topf schmelzen, die Champignons anschmelzen, Wein/Zitrone dazugeben und einkochen. Mit Salz abschmecken. Lauchstangen in dünne Stücke schneiden. Auf vier Stücke Aluminiumfolie, ca. 25 cm lang, je einen Butterklecks legen. Die Filets auf der Folie verteilen und mit Champignons, Karotten und Lauch anrichten. Dill oder Petersilie darüberstreuen, evtl. eine abgeschälte Zitronenscheibe darauflegen. Das Ganze so mit Aluminiumfolie einpacken, dass keine Flüssigkeit auslaufen kann.
Im 200 Grad warmen Ofen ca. 15 Minuten garen.
Mit gekochten Kartoffeln servieren.

SCHOLLE CREOLE

8 Schollenfilets
2 Essl. Öl
2 Essl. Zitronensaft
1 Essl. Maizena
1/2 Liter Fischbrühe
4 Essl. Tomatenpüree
2 Essl. Zitronensaft
4 Essl. gehackte Zwiebel
4 Essl. grüne Paprika
1 Dose gehackte Champignons
1 Teel. Oregano
1/2 Teel. Pfeffer
1 Teel. Salz

Die ausgenommen Filets abtrocknen und mit einer Mischung aus Öl, Zitrone und Maizena bestreichen. 5 Minuten in einen 150 Grad warmen Ofen setzen. Danach die gekochte Sosse dazugeben und das Gericht weitere 10 Minuten bei 200 Grad in den Ofen stellen.
Mit losem Reis servieren.

SCHOLLENFILETS MIT GEMÜSE

8 Schollenfilets
2-3 Lauchstangen
4-5 Möhren
1 gehackte Zwiebel
1-2 Teel. Salz
50 g Margarine
gehackte Petersilie

Die Hälfte des fein geschnittenen Gemüses in eine gefettete ofenfeste Form legen, darüber die Filets. Etwas Salz darüber streuen. Darüber die andere Hälfte des Gemüses geben und einige Butterflöckchen darauf verteilen.
Die Form mit Aluminiumfolie abdecken, auf die unterste Schiene des Ofens stellen und bei 200 Grad ca. 45 Minuten backen. Mit Petersilie bestreuen und mit Kartoffeln und evtl. gebräunter Butter servieren.

SCHOLLE IN GELEE

4 mittelgrosse Schollen
1 Liter Wasser
50 ml. Essig
2 Lorbeerblätter
6 Pfefferkörner
1 Essl. Salz
1 Zwiebelscheibe
12 Blatt Gelatine
1 Liter Suppe
1 Zwiebel
Zitrone
Petersilie

Den Fisch schaben, spülen und mit Salz bestreut 15 Minuten stehen lassen. Das Wasser zusammen mit den Gewürzen zum Kochen bringen und darin den Fisch ca. 12 Minuten kochen. Den Schaum von der Suppe nehmen. Die Fische aus der Suppe nehmen und das Fleisch von den Gräten entfernen. Die Suppe durch ein Sieb giessen und evtl. mit etwas mehr Essig abschmecken. Gelatine in kaltem Wasser einweichen und in einem kleinen Teil der warmen Suppe auflösen.
Eine Form mit Öl fetten und in Schichten den Fisch und die abgekühlte Suppe hineingeben. Den Fisch mit feingehackter Zwiebel bestreuen und ein wenig Salz und Pfeffer. Die Form mit Zitronen und kleinen Petersilienzweigen garnieren. Bis zum nächsten Tag in den Kühlschrank stellen, dann stürzen und mit Schwarzbrot servieren.
Ein frisches und kalorienarmes Gericht.

SCHOLLEN IN SAHNESENFSOSSE

600 g Schollenfilet
1 Teel. Salz
2 Zwiebeln
2-3 Möhren
Wasser, Salz
150 ml. Schlagsahne
¾-1 Teel. französicher Dijonsenf
1/4 Teel. Estragon
Salz, Pfeffer
Beilagen: Kartoffeln und grüner Salat

Die Filets mit Salz bestreuen. Zwiebeln und Möhren in Scheiben schneiden und in leicht gesalzenem Wasser 1-2 Minuten vorkochen.

Das Gemüse abtropfen lassen und auf dem Boden einer gefetteten ofenfesten Form verteilen.

Die Filets zusammenklappen und über dem Gemüse verteilen. Die Sahne halb steif schlagen und mit Senf, Estragon, Salz und Pfeffer abschmecken. Die Sahnemischung über den Fisch geben. Bei 200 Grad 8-10 Minuten in den Ofen stellen.

GEBRATENE SCHOLLEN ODER STEINBUTT

Die Fische in Filets schneiden oder ganz braten.

Als Beilagen gekochten Grünkohl und gebräunte Kartoffeln reichen.

Den Grünkohl mit Sahne und Margarine kochen (evtl. mit dem Bratenfett der Fische).

FISCH IN DER FORM NACH SEEMANNS ART

4 PERSONEN

12 Schollenfilets
Butter
Salz
1 gemahlenes Lorbeerblatt
Wasser
ca. 2 Essl. Essig
6 ganze Pfefferkörner

Beilagen
Hummerschwänze, Krabben oder Krebsscheren
Kartoffelpüree:
1 kg Kartoffeln
50 g Margarine
2 Eier
Salz und Pfeffer

Die Fischfilets zusammenrollen und in eine ofenfeste Form legen. Butter, Salz, Lorbeerblatt, Essig, Pfefferkörner und etwas Wasser dazugeben, so dass der Fisch halb bedeckt ist. Die Form mit Folie abdecken, auf die unterste Leiste in den Ofen stellen und bei 225 Grad 15 Minuten garen.
Die Form aus dem Ofen nehmen und die Flüssigkeit abgiessen. Die Filets mit Hummerschwänzen, Krabben oder Krebsscheren garnieren. Um den Fisch einen Rand aus Kartoffelpüree legen. Kartoffelpüree aus durchgepressten Kartoffeln mit Ei, Butter und Gewürzen zubereiten, nicht mit Sahne oder anderer Flüssigkeit.

Sosse: Die Flüssigkeit aus der Form zusammen mit Sahne, Butter, Weisswein oder Zitronensaft in einen Topf geben. Mit Salz und Pfeffer abschmecken. Die Sosse andicken und über den Fisch geben oder separat servieren.

GEBRATENE SCHOLLE

4 Schollen á ca. 350 g
1 Ei
Paniermehl
1 Teel. Salz
1/2 Teel. Pfeffer
50 g Margarine oder Öl zum Braten

Viele Fischfreunde bevorzugen den gebratenen Fisch mit Haut auf beiden seiten. Aber der Fischhändler entfernt auch gerne die dunkle Seite. Die helle Seite gut schaben, den Fisch spülen und 15 Minuten in leicht gesalzenes Wasser legen. Danach den Fisch abtrocknen und panieren. Ca. 5-6 Minuten auf jeder Seite braten. Mit Petersiliensosse oder gekochtem Spinat servieren.

Petersiliensosse
25 g Margarine
35 g Mehl
300-400 ml. Milch
1 Teel. Salz
2 Teel. gehackte Petersilie
Margarine und Mehl mit Milch aufkochen (evtl. mit einer Hälfte Kartoffelwasser), mit Salz abschmecken und gehackte Petersilie dazugeben. Man kan auch Mehl und Milch anrühren, dann zum Kochen bringen und unter ständigem Umrühren Margarine, Salz und Petersilie dazugeben.

GETROCKNETE SCHOLLEN

Die Schollen mit Haut eine Nacht einsalzen und zum Trocknen aufhängen. Wenn sie trocken sind, häuten und 15 Minuten in leicht gesalzenem Wasser kochen.
Mit Kartoffeln und Schnittlauchsosse oder Petersiliensosse servieren.

GETROCKNETE KLIESCHE

GEGRILLT ODER GERÄUCHERT

Den Kopf abschneiden. Den Fisch mit feinem Salz bestreuen, paarweise zusammenbinden und zum Trocknen nach draussen hängen. Ca. 3 Tage trocknen lassen. Bei Regenwetter hereinholen. Die Monate April und Mai sind am besten dazu geeignet, weil sie weitgehend frei von Fliegen sind.
Im Sommer soll der Fisch an einem windreichen Ort, z.B. an der Spitze einer Fahnenstange, getrocknet werden, um Fliegen fernzuhalten.
Danach ist der Fisch fertig, um geräuchert zu werden. Man kann ihn aber auch grillen oder in der Pfanne braten. Mit Schwarzbrot servieren.
Getrocknete Kliesche lassen sich gut einfrieren.

NORDSEEGRILL

Schollen- oder Dorschfilet
Butter
Zwiebeln
Zitronen
Tomaten
Petersilie
Dill
Curry
Salz

Die Zubereitung geschieht in kleinen Aluminiumbechern, die mit Alufolie dicht geschlossen werden.
Fischfilets in Stücke schneiden und zusammen mit Butter, Zwiebelringen, einer Zitronenscheibe, zwei Tomatenscheiben, Petersilie, Dill, Curry und Salz in einen Aluminiumbecher legen. Den Becher dicht mit Folie schliessen und ca. 15 Minuten auf den Grill stellen.
Jeder bereitet seine Portionen zu und würzt nach eigenem Geschmack. Die Becher mit Namen markieren.
Beilagen: Kleine geschälte Kartoffeln oder Baguettes.

HERING

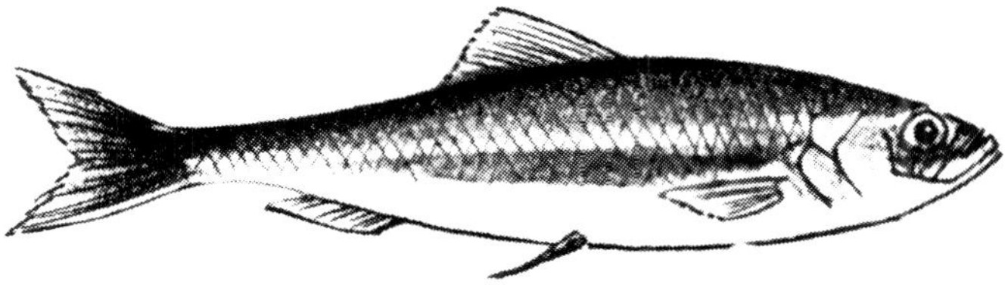

17-30 cm

Das ganze Jahr über erhältlich.
Am besten ist der »Frühlingshering«
von Februar bis Mai.

DER HERING

Der Hering ist in Dänemark und im ganzen nördlichen Atlantik der am meisten verbreitete Fisch.
Seine Grösse liegt zwischen 17 und 30 cm. Einige Heringe laichen im Frühjahr (Frühlingshering), andere nur im Herbst (Herbsthering).
Der Hering Zieht oft in riesengrossen Schwärmen, die man heute mit Hilfe des Echolots aufspürt. Einen der grössten Schwärme fand man vor der norwegischen Küste bei Bergen. Er war 36 km lang, 3 km breit und 30 m tief.

»MODERNER« HERING

6-8 frische Heringe
Petersilie
6 Tomaten
100 ml. Weisswein
Butter
evtl. Paniermehl

Die Heringe ausnehmen, die Flossen abschneiden und die Gräten entfernen. Die Heringe mit Salz bestreuen und 10 Minuten ziehen lassen, danach abspülen.
Die Filets mit gehackter Petersilie auf der Innenseite zusammenklappen und in eine gefettete ofenfeste Form legen.
Geviertelte Tomaten um die Heringe verteilen, Paniermehl darüberstreuen, Weisswein dazugeben und die Form bei 250 Grad ca. 20 Minuten in den Ofen stellen.

GEBRATENE SALZHERINGE NACH FÜNISCHER ART

Salzheringe ca. einen Tag wässern, in Roggenmehl wenden und braten. Mit kalten Pellkartoffeln servieren. Die nehmen den salzigen Geschmack.

GEBRATENE SALZHERINGE NACH BORNHOLMER ART

Den Hering braten wie im vorangehenden Rezept. Mit Roggenmehl, Rote Beete und Senf servieren.
Ein Schnaps und ein Glas Bier erhöhen den Geschmack.

ZITRONENHERING

4 grosse Heringe
30 g Margarine
2 säuerliche Äpfel
2-3 Essl. Zitronensaft
1 Zwiebel
1 Möhre
Petersilie

Die Heringe ausnehmen, trocknen und mit Salz und Pfeffer bestreuen. Die Äpfel schälen, in Scheiben schneiden, mit Zitronensaft beträufeln und zusammen mit der gehackten Zwiebel und der grob geriebenen Möhre auf die Heringe legen.
Die Heringe auf eine gefettete Alufolie legen und zu kleinen Paketen zusammenklappen. Die Pakete auf eine Bratenform bei 175 Grad ca. 15 Minuten in den Ofen stellen.
Mit gehackter Petersilie und gekochten Kartoffeln servieren.

DER BERÜHMTE TOMATENHERING

6-8 marinierte Heringe
1-2 Essl. Essig
1-2 Essl. Estragonessig
Zucker
2 ganze Nelken
ca. 1/2 Teel. gemahlener Pfeffer
ca. 200 ml. Tomatenketchup
2 rote Zwiebeln
2 süsse Gurken
1/2 gekochte Möhre
1 Scheibe eingelegte Rote Beete
1 Portweinglas Salatöl

Den Hering in Küchenpapier trocknen und in Stücke schneiden. Zwiebeln, Gurken, Möhre und Rote Beete hacken. Essig mit Zucker, den Kräutern, Tomatenketchup und dem gehackten Gemüse vermischen.
Salatöl dazugeben und über die Heringe geben.
Um einen guten Geschmack zu erreichen, sollen die Heringe mit der Marinade ein paar Tage stehen.

GLASERMEISTERS HERING
(SCHWEDISCH)

4 grosse marinierte Heringsfilets
2 rote Zwiebeln
1-2 Möhren
1 kleine Lauchstange

Marinade: 300 ml. Essig, 150 ml. Zucker, 4-6 Pfefferkörner, 8 ganze Pimentkörner, 4 Lorbeerblätter, 1 Essl. Senfkörner.
Die Marinade in einem Topf kochen und abkühlen lassen.
Heringsfilets in kleine Stücke schneiden. Zwiebeln, Möhren und Lauch in Scheiben schneiden. Alles zusammen in einer Schale mischen und die Marinade darübergeben. Vor dem Servieren mindestens einen Tag abgedeckt im Kühlschrank ziehen lassen.

GRØNBECHS GEBRATENER HERING

8-10 Heringsfilets in Paniermehl wenden und in der Pfanne braten. Die Marinade darübergeben.

Marinade:

100 ml. Öl
100 ml. Tomatenmark
3 Essl. Essig
5 Essl. Zucker
2 Teel. Curry
1/2 Teel. Pfeffer
1-2 Essl. Senf
1-2 feingehackte Zwiebeln

Alles gut zusammenrühren.
Dazu Roggenbrot servieren und reichlich Bier und Schnaps.
Schmeckt ausgezeichnet!

GEKOCHTER HERING IN MARINADE

6 Heringe
Salz
3 Lorbeerblätter
10 ganze Pfefferkörner
2 Zwiebeln
1 Tasse Zucker
1 Tasse Essig
1 Tasse Wasser
15 Nelken

Die Heringe ausnehmen, salzen und einen Tag stehen lassen. Zwiebeln in Scheiben schneiden, mit Wasser, Essig und Zucker mischen und Pfeffer, Nelken und Lorbeerblätter dazugeben. Die Marinade aufkochen, die Heringe dazugeben und weitere 10 Minuten kochen.
Marinade mit den Heringen ca. einen Tag in den Kühlschrank stellen. Mit grobem Roggenbrot servieren.

TEUFELSHERING ANNO 1925

1 Tasse Hering
1 Tasse gekochte Kartoffeln
1 Tasse Äpfel ä
1 Essl. fein gehackte Petersilie
1 Essl. fein gehackter Kerbel
1 Essl. Estragon
3 Essl. Salatöl
1 Essl. Essig
3 Messerspitzen Pfeffer

Den gewässerten Salzhering häuten und filetieren. Hering, Kartoffeln und Äpfel in Streifen schneiden und mischen.
Petersilie, Kerbel, Estragon und Pfeffer mischen und mit Ol und Essig übergiessen.
Die Sosse über die Heringsmischung geben und servieren.

MARINIERTER HERING

ANNO 1925

2 Salzheringe
1/2 Teel. Pfeffer
1/2 Essl. Zucker
3 Essl. Ol ä
1 Essl. Essig
1 Essl. Kapern
1 Zwiebel
Den gewässerten Hering häuten, filetieren und schräg in feine Streifen schneiden.
Die Marinade aus Essig, Pfeffer, Zucker, Ol und kapern zubereiten und über den Hering geben. Mit Zwiebelringen garnieren.

GEBRATENER CURRYHERING

1 kg entgräteter Hering
Roggenmehl
Salz
Curry
1 grosse Zwiebel
Brühe
1 Bund Petersilie
Butter oder Margarine zum Braten

Die Heringsfilets auf der Innenseite mit etwas gehackter Zwiebel, Petersilie und Salz bestreuen. Den Hering zusammenklappen und mit einem Hölzchen feststecken. Roggenmehl mit Salz und Curry mischen und die Heringe darin wenden. Heringe in Butter oder Margarine auf jeder Seite 4-5 Minuten braten. Danach die Brühe in der Pfanne aufkochen und die Reste der Zwiebel und Petersilie dazugeben.
Mit einem Schuss Essig und etwas Salz abschmecken.
Den Bratensaft und gekochte Pellkartoffeln zum Hering servieren.

GEGRILLTER HERING ANNO 1924

12 frische Heringe
kleine Salzgurken
Paniermehl
Ei
80 g Butter

Die Heringe ausnehmen, die Gräten entfernen und gut waschen. Die Haut ein paar mal einschneiden und den ganzen Hering in Ei und Paniermehl wenden und in Butter hellbraun braten.
Die gegrillten Heringe mit kleinen Gurkenstreifen garnieren und servieren.

ROLLMOPS

8 frische Heringe
1-2 Essl. Salz
2 Essl. Zucker
2 grob gehackte Zwiebeln
1/2 Teel. schwarzer Pfeffer
1/2 Teel. weisser Pfeffer
1 Teel. Salz

Marinade
400 ml. Wasser
300 ml. Essig
150-200 ml. Zucker
10 Pfefferkörner
5 Lorbeerblätter
6 ganze Nelken

Den Hering ausnehmen, entgräten und mit Salz bestreuen.
Im Kühlschrank einen Tag ziehen lassen. Dann abspülen, trocknen und mit den Zutaten füllen. Die Heringe fest zusammenrollen und mit einem Baumwollfaden umwickeln.
Die Marinade zum kochen bringen, den Topf vom Herd nehmen und die Rollmöpse dicht zusammen hineinstellen, wieder zum Kochen bringen und vorsichtig ca. 5 Minuten kochen.
Die abgekühlten Heringe zusammen mit der Marinade, Roggenbrot und Butter servieren.

ROTER HERING

Das Geheimnis einer guten Marinade liegt in der Zeit, die sie zum Ziehen braucht. Man sollte aber auch beachten, dass die Heringe nicht zu sehr auslaugen. Früher, als man den grossen »Isländischen Hering« hatte, der 2-3 Jahre in Salzlake liegen konnte, musste man die Heringe 24 Stunden lang wässern. Die heutigen Heringe sind kleiner und brauchen nur 4-6 Stunden gewässert werden.

Für 4 Salzheringe rechnet man 2 Tassen Estragonessig, der mit viel Zucker angerührt wird, so dass etwas Zucker auf dem Boden übrigbleibt. Da hinein gibt man 1 Tasse Tomatenmark, 8 ganze Nelken, 8 ganze Pfefferkörner, 4 feingehackte Lorbeerblätter, eine grosse feingehackte Salzgurke und eine grosse gewürfelte Zwiebel. Die Marinade einen Tag lang ziehen lassen.

Nachdem die Heringe gewässert sind, schneidet man sie in kleine schräge Stücke. Auch die Grösse der Stücke ist eines der Geheimnisse. Zu grosse Heringsstücke können nicht die Marinade aufnehmen.

Nun die Heringe in die Marinade legen und mindestens einen Tag ziehen lassen, damit sie zu ihrem Recht kommen.

HERINGSGERICHT

2-4 halbe marinierte Heringe in Stücke schneiden. Eine Sosse aus 1 Eigelb, 1 Teel. Zucker, 1 Essl. Butter, 1 Essl. Essig, 1/2 Teel. Senf, 1 kleine geriebene Zwiebel, etwas Salz und Pfeffer anrühren, erwärmen und eindicken.

Die abgekühlte Marinade über die Heringe geben und mit gehacktem Schnittlauch oder Senfgurke und Tomatenscheiben oder Tomatenmark garnieren.

GEBRATENER FRISCHER HERING ANNO 1925

Hering
Anchovis (Sardellen)
Ei
Milch
Paniermehl
Mehl
Salz
Butter oder Öl

Heringe ausnehmen, säubern und die Gräten entfernen. Je eine Anchovis hineinlegen und in geschlagenem Ei mit Milch wenden. Paniermehl, Mehl und Salz mischen und Heringe darin panieren.

In heisser Butter oder Öl goldbraun braten.

Die Heringe mit Butter- oder Süssaurer Sosse servieren. Kartoffeln dazu reichen.

GEBRATENER HERING IN ESSIG I

750 g Heringsfilet
Roggenmehl
1 Teel. Salz
1/2 Teel. Pfeffer
50 g Margarine
oder Weintraubenkernöl
500 ml Essig
100 ml Wasser
150 g Mehl
6-8 ganze Pfefferkörner
2-4 Lorbeerblätter
3 Zwiebeln in Ringen

Die Heringsfilets in einer Mischung aus Mehl, Salz und Pfeffer wenden. Im Fett braten und auf saugfähiges Papier legen. Ganz abkühlen lassen und in eine halbhohe Schüssel legen.

Die Marinade aufkochen und ganz abkühlen lassen (sonst bleibt sie trüb), über den Hering geben und 1/2 - 1 Tag ziehen lassen.

Mit Zwiebelringen garnieren und mit Roggenbrot, Bier und Schnaps servieren.

GEBRATENER HERING IN ESSIG II

750 g Heringsfilet
200 ml Paniermehl
100 ml Mehl
1-2 Teel. Salz
50 g Margarine
50 g Schweineschmalz
4 Tassen Essig
4 Tassen Zucker
gemahlener Pfeffer
1-2 Zwiebeln in Ringen

Die Heringsfilets in einer Mischung aus Paniermehl, Mehl und Salz wenden und auf der Pfanne goldbraun braten.
Zucker und Essig zu einer Marinade kochen. Die abgekühlten Filets hineingeben und einige Stunden ziehen lassen.
Mit Zwiebelringen garnieren und mit Roggenbrot servieren.

GEBRATENER HERING 4 PERS.

4 grosse Heringe (oder 8 kleine)
etwas Salz
1 Ei, Paniermehl
50 g Margarine
1 Zitrone

Die Heringe ausnehmen, entgräten und mit Salz bestreut 10 Minuten stehen lassen. Dann abspülen, trocknen und in Ei und Paniermehl wenden. Ca. 4-5 Minuten auf jeder Seite braten.
Mit Zitrone garnieren und mit Petersiliensosse servieren.

GEBRATENER HERING II

Die Heringe wie oben säubern, aber nicht panieren, sondern in Weizen- oder Roggenmehl wenden. In der Pfanne braten, herausnehmen und das Bratfett mit 100 ml Essig aufkochen.
Diese Mischung aus Fett und Essig schmeckt gut als Sosse zum Hering. Mit Pellkartoffeln servieren.

Andere Varianten
Die Heringe in Mehl wenden, braten und mit gebräunten Zwiebeln und brauner Sosse servieren.
Bratfett mit Milch und Kartoffelwasser aufkochen, eindicken und Zuckercouleur zugeben.

Oder
Die Heringsfilets mit Petersilie füllen, mit Hölzchen zusammenstecken, in Mehl wenden und auf jeder Seite 4-5 Minuten braten. Bratfett mit Milch zu brauner Sosse kochen.
Möhrensalat schmeckt gut zu gebratenem Hering.

SALZHERING MIT ZWIEBELSOSSE

Die Salzheringe aus der Lake nehmen, je grösser, fetter und fester desto besser, abspülen und enthäuten, aber nicht wässern. In 5-7 cm lange Stücke schneiden.

GEKOCHTE KARTOFFELN MIT ZWIEBELSOSSE

1 Stück Margarine in der Pfanne und 1 Essl. Weizenmehl mit Milch aufkochen, Zwiebelringe dazugeben und mitkochen. Dazu Bier und Schnaps servieren.

ALTE GESCHICHTEN AUS HIRTSHALS

SCHLEIFHERING: Früher, als die Familien sehr arm waren, und es viele Münder zu stopfen gab, fehlte oft der Belag für alle »Zwischenmahlzeiten«. Deshalb erfandt man den »Schleifhering«. Man zog einen Salzhering über die ersten 8-10 Scheiben Brot, die dadurch einen Heringsgeschmack bekamen. Als Belohnung gab es den Hering auf der letzten Brotscheibe.

DORSCH

60 - 100 cm

Das ganze Jahr über erhältlich,
am besten aber in Monaten mit »r«.

DORSCH

In anderen Ländern gibt es viele, die Dorsch nicht so gern mögen. Sie bemängeln, dass er zu wässrig sei und ihm Geschmack fehle, aber eine Autorität wie die örtlichen Bewohner von Hirtshals verteidigen ihn nicht ohne Grund. Ein frischer Dorsch von einer guten Qualität hat seinen Platz unter den besten Fischen, die man servieren kann. In Dänemark bekommt man frisch gefangenen Dorsch das ganze Jahr über, am besten schmeckt er aber in den kälteren Monaten mit einem »R«.

FISCHGULASCH

1 kg Dorschfilet
60 g Mehl
120 g Fett
60 g gewürfelter Speck
250 g gehackte Zwiebel
1 Teel. Weinessig
1 Essl. Paprika
100 ml. Creme fraiche
60 g Tomatenmark
500 ml. Fischbrühe
Salz, Pfeffer

Dorschfilets in mundgerechte Stücke schneiden und in Mehl mit Salz und Pfeffer wenden.
Den gewürfelten Speck im Fett anbraten, die Filetstücke dazugeben und fertig braten. Fisch und Speck aus der Pfanne nehmen und warm stellen. Nun die Zwiebelwürfel in der Pfanne braten, bis sie goldbraun sind. Essig, Paprika, Creme fraiche, Tomatenmark und die Brühe zu den Zwiebeln geben, aufkochen und 5 Minuten zugedeckt schmoren lassen. Direkt vor dem Servieren die Fischstücke hineingeben.
Mit gekochtem Reis servieren.

FISCHRAND EIN KALTES GERICHT

300 g gekochter Fisch (Dorsch, Scholle oder Hornhecht)
150 g Erbsen
1 Dose Mais
Ein paar Krabben
200 ml. Fischsuppe
300 ml. Weisswein
7 Blatt Gelatine

200 ml Mayonnaise
2 Essl. Tomatenmark
Franz. Senf nach Geschmack
Salz und Zucker
200 ml. Creme fraiche

Die Krabben auf dem Boden einer Servierschüssel verteilen, danach Erbsen, Fisch und Mais hineingeben.
Die Fischsuppe erwärmen, darin die eingeweichte Gelatine auflösen und Wein dazugeben. Abkühlen lassen und damit einen Rand in der Schüssel formen. Einen halben Tag kaltstellen. Mit Baguettes und folgendem Dressing servieren.
Mayonnaise mit Tomatenmark, Senf, Salz und Pfeffer abschmecken. Zum Schluss vorsichtig Creme fraiche hineinrühren. Dieses Gericht kann man auch mit Thunfisch aus der Dose (in Wasser) anstelle von anderem gekochten Fisch zubereiten.

FÄRÖISCHER DORSCHROGEN

1 Dose Dorschrogen (200 g)
3 Eier
200 ml Milch

1-2 Essl. Zitronensaft
Salz, Pfeffer

Ei und Milch zusammenrühren und den gemusten Rogen dazugeben. Abschmecken und in eine gefettete Form geben. 45 Minuten im Wasserbad bei 170 Grad kochen. Kalt oder warm servieren. Dazu Gemüsesalat, Möhrensalat oder Schaltiersalat reichen.

GEBRATENES DORSCHFILET 4 PERSONEN

6 kleine Dorschfilets
Butter
1 Essl. Salz
1 Essl. Zucker
1/2 Teel. Pfeffer
2 Bund Dill
Roggenmehl

Die Filets schichtenweise in eine Schüssel legen. Zwischen die Schichten eine Mischung aus Salz, Zucker, Pfeffer und Dill streuen. Die Schüssel einen Tag in den Kühlschrank stellen. Danach die Fische aus der Lake nehmen, die sich nun gebildet hat, abtrocknen und in zwei Teile schneiden.
Die Filets in Roggenmehl wenden und in der Pfanne schön braun braten.
Mit Brot als Mittag servieren oder mit Kartoffeln und heller Sosse als Abendessen.

EIN GANZER OFENGEGARTER DORSCH

ca. 2 kg Dorsch
etwas Salz
1 Zitrone
2 Essl. Mehl
1/2 Teel. Pfeffer
4 Essl. geschmolzene
Margarine

Den Dorsch ausnehmen, spülen und trocknen. Den Rücken mit einem scharfen Messer ein paar mal einschneiden.
Mit einer aufgeschnittenen Zitrone den Dorsch einreiben und ihn dann in einer Mischung aus Mehl, Salz und Pfeffer rollen.
Den Fisch in eine gefettete ofenfeste Form legen und ihn mit 4 Essl. geschmolzener Butter beträufeln. Bei 250 Grad ca. 10 Minuten im Ofen bräunen und dann bei 165 Grad 30-40 Minuten weitergaren. Ein paar mal mit der geschmolzenen Margarine beträufeln.
Ganz servieren mit gekochten Kartoffeln und leicht gebräunter Butter. Mit Zitronensaft abschmecken.

CURRYDORSCH

250 ml. loser Reis
400 ml. Wasser
1/2 Teel. Salz
2-3 Lauchstangen
450-500 g Dorschstücke
50 ml Milch oder Sahne
3 Teel. Curry
20 g Butter oder Margarine

Reis in Salzwasser kochen und in eine feuerfeste Form geben. Die Lauchstangen in dünne Scheiben schneiden und über dem Reis verteilen. Den Fisch mit Salz bestreuen und in die Form legen. Die Milch darübergiessen.
Curry und Butter zusammenrühren und in Flöckchen auf dem Fisch verteilen. Form mit einem Deckel oder Alufolie schliessen und bei 225 Grad 40-50 Minuten in den Ofen stellen.

GEKOCHTER DORSCH

800 g Dorsch

Marinade
1 Liter Wasser
1 Essl. Salz
50 ml Essig

Den Dorsch ausnehmen, salzen und drei Stunden ziehen lassen. Dann in die kochende Marinade legen und ca. 10 Minuten bei kleiner Hitze kochen. In der Zwischenzeit die Sosse zubereiten aus:

2 Essl. Margarine
3 Essl. Mehl
ca. 400 ml Milch oder Fischsuppe
Salz
1-2 Essl. Fischsenf

Mit Kartoffeln, Rote Beete, gewürfeltem Ei und geriebenem Meerrettich servieren.

KIRSTENS FISCHGERICHT

8 Filets, ca. 1,2 kg Dorsch, Schellfisch oder Wittling
3-4 Möhren
3 Lauchstangen
2 Zwiebeln
1/4 Sellerie
insgesamt ca. 1 kg Gemüse
Margarine
Salz, Pfeffer
Kartoffelpüree
Petersilie

Das Gemüse säubern, Möhren und Sellerie grob reiben.
Lauch und Zwiebeln fein schneiden. Das Ganze etwas in der Pfanne anschwitzen. Eine Hälfte des Gemüses in eine gefettete ofenfeste Form legen. Den in Stücke geschnittenen Fisch darauf legen und mit Salz und Pfeffer bestreuen.
Mit der anderen Hälfte des Gemüses abdecken und einzelne Butterflöckchen darauf verteilen.
Die Form mit Alufolie abdecken und auf die unterste Leiste bei 200 Grad ca. 30 Minuten in den Ofen stellen.
Mit selbstgemachtem Kartoffelpüree, das mit Petersilie bestreut wird, servieren.

GEFÜLLTER DORSCHKOPF

Dieses ist ein typisches Gericht der einheimischen Bewohner. Seine Herkunft kann man bis zur Jahrhunderwende zurückverfolgen.

1. Feine Gerstengrütze (keine Flocken) einen Abend vorher zum Einweichen in so viel Wasser legen, dass sie gerade bedeckt sind. Dorschleber und Rogen von Häuten befreien, am besten indem man sie durch ein Sieb passiert. Gut in die eingeweichte Grütze rühren. Salz dazugeben und reichlich kleine Rosinen oder Koriander, je nach Wunsch auch gehackten Thymian.
Zu 500 g Grütze gibt man zwei Eier und rührt die Masse gut zusammen. Die Fischköpfe gut reinigen (den Gaumen nicht entfernen), mit der Grütze füllen und gut durchkochen. Nicht zu stark kochen, damit die Füllung nicht herauskocht. Mit gebräunter oder geschmolzener Butter servieren.

Falls etwas von der Füllung übrig bleibt, kann man daraus Bälle formen und in der Suppe zusammen mit den Dorschköpfen kochen.

II. Zwei Dorschköpfe schaben, mehrmals mit Salzwasser spülen und danach abtropfen lassen.
Eine feste Wassergrütze aus 125 g grober Gerstengrütze kochen, abkühlen lassen und dann mit 1 Essl. Mehl, 1 Ei, Salz, Zucker, Kardemom und gekochter Dorschleber verrühren.
Die Füllung in die Fischköpfe geben und bei schwacher Hitze ca. 20 Minuten in der Fischsuppe kochen.
Mit gekochten Kartoffeln und Senfsosse servieren.

GEFÜLLTER DORSCHKOPF III

6 Dorschköpfe á 1/2 - 3/4 kg
ca. 200 Gerstengrütze
Dorschleber und Rogen
Salz, Pfeffer
Pimentkörner
Ei, Milch

Dorschköpfe gründlich säubern. Die Gerstengrütze in Wasser kochen und abkühlen lassen. Leber und Rogen von Haut befreien und hineingeben.
Ei, Milch, Salz, Pfeffer und evtl. Pimentkörner dazugeben. Die Masse in die Dorschköpfe geben und diese mit einer Schnur zubinden. Die gefüllten Dorschköpfen in einen Topf geben und gar kochen.
Übriggebliebene Füllung kann man zu Klösschen formen und zur Fischsuppe geben. Mit einer guten Senfsosse servieren.

KLEINES MITTAGSGERICHT

200 g gekochter Dorsch
1 Dose Krabben
150 g Muscheln
100 g Spargel
30 g Mehl
200 ml Sahne
150 ml Spargelwasser
3 Essl. Butter
1/2 Teel. Salz
2 Teel. gehackte Petersilie
75 g geriebener Käse
2 Essl. Paniermehl

Dorsch in kleinere Stücke schneiden und zusammen mit Krabben, Muscheln und Spargel in eine gefettete Auflaufform legen.
Mehl, Sahne und Spargelwasser in einem Topf zusammenrühren und zu einer leichten Sosse aufkochen. 2 Essl. Butter hineingeben und die Sosse noch einmal aufkochen lassen. Mit Salz abschmecken und gehackte Petersilie hineingeben.
Die Sosse über den Fisch giessen, mit dem Käse und Paniermehl bestreuen und Butterflöckchen darauf verteilen. Im Ofen bei 225 Grad 25 Minuten überbacken.

MASCHINENDORSCH

Einen Dorsch von ca. 1 kg in etwa 3-4 cm grosse Stücke schneiden. Auf dem Boden eines flachen Topfes 50 g Butter oder Margarine verteilen und die Fischstücke hineinlegen.
Mit Salz, Pfeffer und evtl. Curry bestreuen. Nun eine Schicht Zwiebeln oder Lauch in Ringen hineingeben, dann wieder eine Schicht Fisch mit Gewürzen und eine Schicht Zwiebeln oder Lauch. Butterflöckchen darauf verteilen und den Topf mit einem Deckel schliessen. Bei geringer Hitze ca. 30 Minuten garen. Mit kleinen Kartoffeln oder Weissbrot servieren.

MASCHINENDORSCH MIT CURRY

Ca. 2 kg Dorsch in Scheiben
200 g Butter

Gewürzmischung
2 grosse Teel. Curry
etwas Pfeffer
1 Teel. Salz
1 Essl. Weizenmehl

Für dieses Gericht verwendet man einen Topf mit einem dicht schliessenden Deckel. Auf dem Boden des Topfes reichlich Butter verteilen und darauf die gesäuberten und abgetrockneten Dorschscheiben schichten. Jede Schicht [illegible] der Gewürzmischung bestreuen und Butterflöckchen da[illegible] verteilen.
Auf den Topf eine zusammengefaltete Stoffserviette legen und mit dem Deckel schliessen. Bei schwacher Hitze auf den Herd stellen. Sobald man den Fisch kochen hört, die Temperatur verringern und den Fisch ca. 25 Minuten weiter dämpfen lassen. Den Deckel von diesem prachtvollen Fisch nehmen und den Topf auf den Tisch stellen.
Dazu, wie in alten Zeiten, Weissbrot servieren, aber auch Kartoffeln passen dazu. Dieses Gericht wurde oft auf den grossen Fischkuttern zubereitet, wo man Rogen, Leber und Kopf mitkochte. Dies ist eine ausgezeichnete Art Dorsch zu servieren.

MASCHINENDORSCH MIT MADEIRA 5 PERSONEN

2 kg Dorschfilet
1/4 kg Butter
1 1/2 Essl. Essig
1/4 Flasche Madeira Wein
Salz, ganzer Pfeffer
etwas gemahlener Pfeffer
Lorbeerblätter
eine fein gehackte Zwiebel

In einer geschlossenen Kasserolle zubereiten.
Die Filets abtrocknen und in Mehl wenden. Die Kasserolle schichtenweise füllen. Zuerst etwas Butter, dann die grössten Stücke Dorsch und diese mit den oben genannten Gewürzen bestreuen. Danach wieder Butter und Dorsch usw. bis alle Filets aufgebraucht sind. Nun mit Madeira und Essig übergiessen und in der geschlossenen Kasserolle kochen.
In der Kasserolle servieren. Dazu kleine feste gekochte Kartoffeln servieren und Brot.

HERKUNFT
Vermutlich ist dieses Gericht entstanden, als einmal Weinfässer an die Küste getrieben waren. Vielleicht war es auch ein ganzes Schiff mit einer Ladung Weinfässer, das an der Küste strandete.
Die ungewohnten Mengen Wein brachten die Küstenbewohner auf die Idee, etwas anderes auszuprobieren.

MASCHINENDORSCH

gekochter Dorsch
Zwiebel
Kartoffeln
Salz, Pfeffer
Die Gräten entfernen. Die Dorschstücke in der Pfanne schmoren, die Zwiebeln bräunen und die Kartoffeln kochen.
Alles in einer Schale mischen. Mit englischer Sosse, Ketchup oder anderen Gewürzen servieren.

ONKEL KAIS NEUJAHRSDORSCH

1 Dorsch in Scheiben
1 Stück Dorschrogen
1 Dorschleber
1 Zitrone
3 gekochte Eier
gehackte Rote Beete
geriebener Meerrettich
1 Stück durchwachsener Speck
200 ml Kaffeesahne
Fischsenf
gekochte Kartoffeln

Den Dorsch ausnehmen und in Scheiben schneiden. In Salzwasser mit Lorbeerblättern, einigen ganzen Pfefferkörnern und Zitronensaft kochen.
Dorschrogen und Dorschleber je für sich ca. 20 Minuten vorsichtig kochen.
Den Speck in kleine Würfel schneiden und auf der Pfanne braten. Die gekochten Eier kleinschneiden.
Beilagen in kleinen Schalen servieren.
Eine gute Senfsosse aus Fischwasser, Kaffeesahne und Senf zubereiten. Mit geschmolzener Butter servieren.

PORTUGIESISCHES BACCALAO 4 PERSONEN

3 Stück getrocknete Dorsch
ca. 1 kg Kartoffeln
2 Zwiebeln
1/2 Liter Milch
100-150 ml Sahne
2 Essl. Maizena
2 Essl. Margarine
1 Eigelb
1-2 Lorbeerblätter
Pfeffer
gehackte Petersilie

Dorsch 12-24 Stunden wässern. Dann 15-20 Minuten kochen. Nach dem Kochen Haut und Gräten entfernen und den Dorsch in dünne Stücke schneiden. Zwiebeln und Lorbeerblätter in etwas Margarine anschwitzen.
Die rohen Kartoffeln in Scheiben schneiden und knapp gar kochen. Kartoffeln mit Zwiebeln, Petersilie und Dorsch mischen. Milch und 1 Essl. Margarine zusammen erwärmen, Maizena und ca. 50 ml. Sahne anrühren und zu der kochenden Milch geben. Topf vom Herd nehmen und mit dem Eigelb legieren.
Sosse mit Fisch und Kartoffeln mischen und in eine gefettete ofenfeste Form geben. Mit dem Rest der Sahne übergiessen, mit Paniermehl bestreuen und bei 175-200 Grad 30-35 Minuten lang in den Ofen stellen.

ROGENFRIKADELLEN

1/2 kg frischer Rogen
2-3 fein geriebene gekochte Kartoffeln
1 Essl. Mehl
1 Ei
1/2 Teel. Pfeffer
Fett zum Braten

Den Rogen kochen, die Haut entfernen und mit Kartoffeln, Ei, Mehl und Gewürzen mischen. Zu Frikadellen formen und in der Pfanne braten.
Mit Kartoffeln servieren oder als Füllung für Hamburger verwenden.
Auch geröstetes Weissbrot eignet sich als Beilage. Dann mit Krabben, Dill und Mayonnaise garnieren.

GEBRATENES DORSCHFILET
MIT EINFACHER TOMATENSOSSE

600-800 g Dorschfilet
100 ml Paniermehl
1 Ei
50 ml Mehl
Salz, Pfeffer
50 g Margarine
1 Dose Tomatensuppe
50 g Mayonnaise

Die Dorschfilets in passende Stücke schneiden und abtrocknen. Dann in dem verquirlten Ei wenden und anschliessend in einer Mischung aus Paniermehl, Mehl, Salz und Pfeffer.
Auf der Pfanne in reichlich Margarine ca. 4 Minuten auf jeder Seite braten. An einem Tag, an dem viele Gäste zum Essen kommen, ist es am einfachsten, die Filets im Ofen zu braten:
Die panierten Filets auf ein gefettetes Blech legen und etwas Butter darauf verteilen. In einem 250 Grad warmen Ofen liegt die Bratzeit bei etwa 10 Minuten.
Die einfache Tomatensosse aus Tomatensuppe und Mayonnaise herstellen. Beides in einem Topf unter Rühren aufwärmen.
Buttergedämpfte Bohnen und Kartoffelchips schmecken ebenfalls gut dazu.

GEBRATENE DORSCHKÖPFE

Dorschköpfe
Butter
Roggenmehl
Pfeffer
Salz

Kiemen, Augen und Haut entfernen, die Dorschköpfe ausbreiten und in Roggenmehl, dem Salz und Pfeffer zugegeben ist, wenden.
In Butter auf der Pfanne braten bis sie sich teilen und schön braun sind. Mit Vollkornbrot servieren.

SCHWEDISCHER DORSCH

Ein Stück Alufolie gut einfetten und ein Dorschfilet darauf legen. Mit Salz, etwas weissem Pfeffer, Thymian, einer Anchovis und viel gehackter Petersilie würzen.
Die Anchovis evtl. ausnehmen und den Kopf entfernen. Nun die Folie dicht schliessen und ca. 30 Minuten bei 200 Grad im Ofen garen.
Dazu Pellkartoffeln servieren, kalte Butter und gehackte Petersilie.

DORSCHFRIKADELLEN

1 kg gehacktes Dorschfleisch
(gern gefroren)
Salz, Pfeffer
Mehl
gebräunte Zwiebel
Kartoffeln

Den gefroren gehackten Fisch zum Auftauen in ein Sieb geben und die Flüssigkeit abtropfen lassen. Dann 10 Frikadellen formen, diese in Mehl wenden und in gebräunter Margarine ca. 12 Minuten braten. Mit Salz und Pfeffer bestreuen und mit gebräunter Zwiebel, Salzkartoffeln, brauner Sosse und Rote Beete servieren.
P.S.: Unsere Erfahrung zeigt, dass das gefrorene Fischhack leichter zu formen ist als frisch angefertigtes.

DORSCHGERICHT 6-8 PERSONEN

1 kg Dorsch

Sosse
350 ml Creme fraiche
2 Essl. franz. Senf
1/2 Teel. Salz
1 Teel. Bearnaiseessenz
1 Teel. Zucker
100 ml. geschlagene Sahne

Garnierung
Krabben
Kaviar
gekochtes Ei
evtl. Kresse

Beilage
Baguettes

Den Dorsch kochen, abkühlen lassen und in eine Schüssel geben. Die Sosse zubereiten und darübergeben.

DORSCH IN DER FORM

4 dicke Scheiben Dorsch
Öl
Salz, weisser Pfeffer
1 Lauchstange
Dill
1-2 hartgekochte Eier
1 Zitrone

Die Fischstücke mit Salz und Pfeffer würzen und einzeln auf ein Stück Alufolie legen, das mit Öl bepinselt ist. Feingeschnittene Lauchstücke (das Weisse) und Dillzweige auf die Stücke verteilen. Die Folie dicht zu einem Paket schliessen und bei 225 Grad ca. 20 Minuten in den Ofen stellen.
Zum Servieren den Fisch auspacken, mit gehackten Eiern bestreuen und Zitronenscheiben dazu legen.
Mit Baguettes oder Sahnekartoffeln servieren.

Sahnekartoffeln
1 kg Kartoffeln
1 1/2 Teel. Salz
1/2 Teel. Pfeffer
1/2 Teel. Paprika
250 ml Schlagsahne
250 ml Milch
25 g Margarine

Kartoffeln schälen, in dünne Scheiben schneiden und in eine flache ofenfeste Form schichten.
Milch, Sahne und Gewürze zusammenrühren und darübergeben. Einzelne Butterflöckchen auf dem Gericht verteilen.
Bei 200 Grad 1 Stunde im Ofen backen.

DORSCH IN DER FORM 4 PERS.

Ca. 600 g Dorschfilet
1 grosse Zwiebel
1 Dose Champignon
1 Dose Tomaten oder 1/2 kg frische Tomaten
1 Tasse gefrorene Erbsen
1 Würfel Fischbrühe
ca. 1/2 Teel. getrockneter Thymian
1/2 Teel. Dijon Senf
1 Essl. Kapern
Salz, Pfeffer
Margarine
Milch, Sahne oder Wasser
Maizena
etwas extra Senf

Die grob gehackte Zwiebel in der geschmolzenen Margarine braten, bis sie glasig ist, und in eine feuerfeste Form geben. Danach die abgetropften Champignons auf der Pfanne braten, mit grobem Pfeffer und etwas Salz bestreuen und zu den Zwiebeln geben. Die abgetropften Tomaten in etwas Margarine auf der Pfanne durchwärmen und mit Pfeffer und etwas Thymian bestreuen.
Die Erbsen über die Champignons und die Zwiebeln geben, und die leicht gerösteten Tomaten an eine Seite der Form legen. Nun die Flüssigkeit von Champignons und Tomaten und etwas kochendes Wasser (oder Milch oder Sahne) in die Pfanne geben. Den Brühwürfel, etwas Thymian, Kapern und Senf zugeben und gut durchkochen. Mit Maizena andicken und mit Salz und Pfeffer abschmecken.
Die Sosse in die Form geben. Dorschfilets abtrocknen, mit Salz und Pfeffer bestreuen, mit Dijon Senf bestreichen und neben die Tomaten legen.
Das Gericht bei 200 Grad 25-30 Minuten in den Ofen stellen. Mit festen gekochten Kartoffeln servieren.
Anstelle von Dorsch kann man auch dunkeln oder hellen Seelachs verwenden.

DORSCH IN FOLIE

1 Dorsch, ca. 2 1/2 kg
Butter
Salz, Pfeffer
Zitronensaft

Den Dorsch ausnehmen und säubern, Schleim und Schuppen abschaben, Flossen und evtl. Schwanz entfernen.
Danach den Fisch gut mit Salz und Pfeffer einreiben und etwas Zitronensaft über den ganzen Fisch träufeln. Den ganzen Fisch in eine gut gefettete Alufolie einpacken. Die Enden nach oben Klappen, so dass kein Saft austreten kann.
Den eingepackten Fisch auf ein Rost über die Bratenform legen und in den Ofen schieben. Bei 140 Grad 1 1/2 - 2 Stunden garen lassen. Den fertigen Fisch in der Folie servieren.
Den Bratensaft kann man als Sosse verwenden, falls man nicht vorzieht, eine Senfsosse zuzubereiten.

ODER

PIKANTE FISCHSOSSE

2 Eier
2 rohe Eigelb
etwas Senfpulver
Salz, Pfeffer
1 Teel. Zucker
100 ml Sahne
2 Essl. Zitronensaft

Die Eier hartkochen und halbieren, Eigelb herausnehmen und durch ein Sieb passieren. Die rohen Eigelbe dazugeben und zusammenrühren.
Nach Geschmack Senfpulver, Salz und Pfeffer dazugeben. Die Sahne steif schlagen und zusammen mit Zucker ebenfalls dazugeben. Zum Schluss etwas Zitronensaft hineinträufeln und das Ganze gut umrühren.

DORSCH IN DER FORM

1 kg Dorschfilet
1 kg Kartoffeln
1 grüne Paprikaschote
3 Tomaten
Salz, Pfeffer
300 g Margarine
3 Teel. Curry
2 Teel. Paprika
1 feingehackte Zwiebel
1 Knoblauchzehe

Die Kartoffeln kochen, in Scheiben schneiden und in eine gefettete ofenfeste Form legen. Paprikaschote in Ringe schneiden und Tomaten in Scheiben. Paprika und Tomaten auf den Kartoffeln verteilen. Darauf die Dorschfilets legen.
Mit Salz und Pfeffer würzen. Margarine mit Curry, Paprika und feingehackten Zwiebeln zusammenrühren und auf dem Gericht verteilen. Bei 250 Grad 30 Minuten im Ofen backen.

DORSCH MIT LAUCH IM OFEN 4 PERSONEN

1/2 kg Dorschfilet
150 ml trockener Weisswein
3 grosse Lauchstangen
250 ml Sahne
Salz, Pfeffer
50 g Butter (oder Margarine)
Zum Gratinieren:
200 g geriebener Käse
2 Essl. Paniermehl

Die Lauchstangen in Scheiben schneiden und etwas anschwitzen. Weisswein, Sahne, Salz und Pfeffer dazugeben und 5 Minuten schmoren lassen.
Eine feuerfeste Form einfetten, den Fisch hineinlegen und die Sosse darübergiessen. Käse und Paniermehl darüberstreuen und bei 200 Grad ca. 1/2 Stunde in den Ofen stellen.
Mit Reis und grünem Salat servieren.

DORSCHROGEN MOUSSE
KALTES GERICHT

8 Personen
3 Dosen Dorschrogen (600 g)
150 g Butter
etwas Salz und Pfeffer
250 ml. Creme fraiche
fein gehackter Dill
Fleisch und Saft von 1 Zitrone
8 Blatt Gelatine
Öl zum Einfetten

Sauce
750 ml. Creme fraiche (18%)
150 g Mayonnaise
Saft von 1 Zitrone
Salz und Pfeffer
süsser französischer Senf
fein gehackter Schnittlauch
oder Petersilie
oder grüne Paprikaschote

Dorschrogen und Butter gut mischen und Salz, Pfeffer, Dill und Creme fraiche hinzugeben. Gelatine einweichen und schmelzen, mit Zitronensaft mischen und in den Dorschrogen mischen. Eine Sandkuchenform gut einfetten oder mit Backpapier auskleiden, die Mischung hineingeben und bis zum nächsten Tag in den Kühlschrank stellen.
In Stücke geschnitten servieren zusammen mit der Sosse, Sauerteigbrot oder Baguettes oder Vollkornbrötchen.

SAUCE
Zur Mayonnaise Zitronensaft und Gewürze geben und mit Creme fraiche mischen. Die Zubereitung kann gut 1-2 Tage vorher stattfinden, weil die Sosse ihren Geschmack am besten im Kühlschrank entwickelt.
Diese Sosse eignet sich auch für andere warme und kalte Fisch- und Fleischgerichte.

DORSCHROGEN KALTES GERICHT

300 g Dorschrogen
150 ml Creme fraiche
50 g Mayonnaise
Zitronensaft
1/2 - 1/1 Teel. Senf
1/2 Teel. Curry
Salz und Pfeffer
5 Blatt Gelatine
Gurke, Tomate
Salat

1 Dose Dorschrogen mit Mayonnaise und Creme fraiche mischen und abschmecken. Die eingeweichte und geschmolzene Gelatine dazugeben. Die Mischung in eine mit Öl gefettete Form geben, kalt stellen und stürzen.
Mit grünem Salat, Gurken- und Tomatenscheiben und Vollkornbrot servieren.
Das Gericht kann auch auf geröstetem Weissbrot serviert werden. Man garniert die Brote dann mit Krabben, Dill und Mayonnaise.

GETROCKNETER DORSCH

ca. 3 kg

Den Dorsch ausnehmen und längst durchschneiden. Die Wirbelsäule entfernen, aber den Fisch nicht ganz teilen.
Salzen und einen Tag ziehen lassen. Dann den Fisch mit einem Stück Holz spreizen, so dass er sich nicht zusammenrollt und zum Trocknen aufhängen. Am besten geeignet ist das fliegenfreie Frühjahr.
Wenn die Fischer den Dorsch an Bord salzen, hängen sie ihn an den Schiffsmast zum Trocknen.
An Land hängt man ihn gerne an eine Fahnenstange. Der Fisch soll 4-5 Tage bei gutem Wetter trocknen. Zur Nacht und bei Regenwetter holt man ihn herein. Vor dem Kochen den Fisch wässern und häuten, in Stücke schneiden und in kaltes Wasser geben.
Das Wasser erwärmen und ca. 15 Minuten kochen lassen.
Mit Salzkartoffeln und Senf- oder Schnittlauchsauce servieren
Fischreste kann man gut überbacken. Falls man den getrockneten Fisch nicht sofort verwenden möchte, lässt er sich gut einfrieren.

APFELFISCH 4 PERSONEN

6 kleine Dorsch- oder Wittlingsfilets
Salz
Roggenmehl
Butter
4 Äpfel

Fischfilets abspülen und trocknen. Danach in Stücke schneiden, in Roggenmehl mit Salz wenden und in Butter braten. Äpfel mit Schale in 1 cm dicke Scheiben schneiden, braten und auf die Fischstücke legen.
Beilagen: Vollkornbrot oder Kartoffeln und braune Sosse.

HERKUNFT

Der Apfelfisch stammt wahrscheinlich aus der Zeit, als die Bauern im Herbst zur Küste kamen, um ihre Früchte und Gemüse gegen Fisch für den winterlichen Verbrauch einzutauschen.
Es handelte sich dabei oft um so grosse Mengen wie ganze Wagenladungen voll. Um die Mahlzeiten etwas zu variieren, erfandt man den Apfelfisch.

BACCALAO

1 kg Klippfisch (getrockneter Dorsch)	1 Bund Petersilie	3 Tomaten
500 g Kartoffeln	Margarine	1 Zwiebel
	Pfeffer, etwas Salz	

Den Klippfisch am Tag vorher in kaltes Wasser legen und das Wasser ein paar mal auswechseln. Den Fisch in einen Topf mit kochendem Wasser geben und so lange kochen lassen, bis die Haut sich entfernen lässt.
Die Fischstücke klein schneiden, Kartoffeln schälen und in Scheiben schneiden, Tomaten in Scheiben schneiden und Zwiebeln und Petersilie hacken.
In eine gefettete ofenfeste Form eine Schicht Kartoffeln legen und darauf die Hälfte des Klippfisches. Einige Margarineflöckchen darauf verteilen und schichtenweise Tomaten, Zwiebel, Klippfisch mit Margarine und zum Schluss Kartoffelscheiben hineinlegen. Mit frischgemahlenem Pfeffer bestreuen und evtl. etwas Salz, aber erst den Fisch schmecken.
Einige gute Margarineflöckchen dazugeben und mit viel gehackter Petersilie bestreuen. Die Form mit einem Deckel schliessen und sie im Wasserbad in einen gut gewärmten Ofen stellen. Wenn das Gericht kocht, die Wärme verringern und eine Stunde im Ofen lassen.

ÅSE'S PLUKFISCH

(Gericht aus Fischresten und Kartoffeln)

Ein guter Rest Dorsch	400-500 ml Milch
ca. 20 Silberzwiebeln	1/2 - 1/1 Teel. Salz
30 g Margarine	Fischsenf
50 g Mehl	gekochte Pellkartoffeln

Silberzwiebeln in Margarine anschwitzen, Mehl dazugeben und mit der Milch aufkochen. Mit Salz und Fischsenf abschmecken. Den entgräteten Fisch und die kleingeschnittenen Kartoffeln vorsichtig in der Sosse erwärmen.

TINTENFISCH

TINTENFISCH NACH ART
DES KLEINEN BRUDERS MARC

Französisches Rezept, ca. 6 Personen

2 kg Tintenfisch
1 kg frische Miesmuscheln (oder 1 Dose)
250 g Champignon
6 Schalotten
2 grosse Zwiebeln
1 kleine Dose Tomatenmark
1 Becher Creme fraiche
1 »boquet garni« aus
Petersilie, Thymian
Lorbeerblatt, Cayennepfeffer
Salz, Pfeffer
ca. 300 ml guter trockener Weisswein
ca. 50 g Margarine oder Olivenöl

1. Die Tintenfische ausnehmen und in kleine Würfel schneiden.
2. Zwiebeln und Schalotten in Ringe schneiden.
3. Tintenfisch bei guter Wärme in brauner Butter anbraten.
4. Zwiebeln und Champignons in der Pfanne anschwitzen.
5. Zu den Tintenfischen in einen Topf geben.
6. Wein und Gewürze zusetzen.
7. Das Gericht ca. 1 1/2 Stunden köcheln lassen.
8. Vor dem Servieren Muscheln und Creme fraiche zugeben. Abschmecken und sehr warm servieren.
   Beilage: Reis

TINTENFISCH A LA NGA

AUSGESPROCHEN: NANG

Ca. 1 kg Tintenfische ca. 20 Minuten kochen bis sie zart sind. Danach in Ringe oder kleine Stücke schneiden und warmstellen.

Sosse: Zucker, heller Ingwer, Chillipfeffer, und gepresster Knoblauch in etwas Wasser mischen und Zitronensaft und Fischsuppe (evtl. aus 1 Brühwürfel) dazugeben.
Der eigene Geschmack bestimmt die Menge der Gewürze.
Tintenfische mit Reis und grünem Salat servieren. Die Sosse wird auf echte vietnamesische Art mit »Squid Brand« Fischsauce aus Bangkok zubereitet. Man verwendet nur sehr wenig, weil sie sehr stark ist!
Die Sosse wird kalt serviert. Das Gericht in kleinen Schalen servieren.

TINTENFISCH AUS NIZZA

1 kg Tintenfisch
1 Dose Tomaten
4 Schalotten
1 gepresste Knoblauchzehe
3-4 Essl. Olivenöl
100 ml trockener Weisswein
Salz, Pfeffer, Petersilie

Die Tintenfische ausnehmen und gut spülen. In Streifen schneiden. Die Zwiebeln hacken und in ca. 3 Essl. Olivenöl anschwitzen, die Tintenfischstreifen, Knoblauch, 1 Dose Tomaten mit der Flüssigkeit, Weisswein, Salz und Pfeffer hinzugeben und bei schwacher Wärme ca. 45 Minuten kochen lassen. Kalt als Vorspeise auf ein paar Salatblättern mit etwas Olivenöl beträufelt servieren. Als Beilage ein Brötchen. Kann auch als Hauptgericht mit Curryreis serviert werden. Dazu passt trockener Weisswein.

TINTENFISCH IN ROTWEIN

4 PERSONEN

Ca. 1 1/2 kg Tintenfisch
3 Essl. Olivenöl
4 grosse Zwiebeln
3 Knoblauchzehen
300 ml Rotwein
1 Dose Tomaten
Salz, Pfeffer, Petersilie
Paniermehl

Die Zwiebeln würfeln und hellbraun braten. Die Tintenfische ausnehmen und in Streifen schneiden. Danach in den Topf zu den Zwiebeln geben und mit Rotwein, Tomaten, Salz, Pfeffer und gehackter Petersilie ca. 1/2 Stunde schmoren lassen.
Mit Reis oder geröstetem Brot mit Knoblauchbutter servieren.

TINTENFISCHSALAT

Die Tintenfische von Kopf und Armen befreien, waschen, schaben und in leicht gesalzenem Wasser kochen. Abkühlen lassen und in Würfel schneiden, die man mit verschiedenartigem Dressing und Currysalat mischen kann.
Man kann den ausgenommen Tintenfisch auch in ganz dünne Streifen schneiden und heiss in Öl kochen. Das schmeckt besonders gut zu Cocktails oder Sherry.
Tintenfische lassen sich auch als Abendmahlzeit mit Zitrone und Zwiebel- oder Champignonsosse servieren.
Als Beilagen Brot oder Reis verwenden.
Der Fishchändler übernimmt gerne das Ausnehmen, oder aber man kauft Tintenfische aus der Dose.

GEDÄMPFTER TINTENFISCH

1-2 kg Tintenfisch ausnehmen, in Streifen schneiden und zugedeckt bei mittlerer Hitze 20 Minuten kochen lassen. Es soll kein Wasser zugesetzt werden.
Bis auf 1 1/2 Tassen die Flüssigkeit aus dem Topf nehmen und folgendes zusetzen:

1/2 Tasse Olivenöl
4 feingehackte Knoblauchzehen
3 feingehackte Petersilienstengel
1/8 Teel. roter Pfeffer
1/4 Tasse Tomatenpüree
Salz

Das Ganze zugedeckt ca. 25 Minuten bei geringer Wärme kochen lassen. Dann 1/3 Tasse Weisswein zugeben und weitere 10 Minuten kochen lassen.
Mit Reis servieren.

GEBACKENER TINTENFISCH

Ca. 1 kg Tintenfisch
1 1/2 Tassen Paniermehl
3 feingehackte Knoblauchzehen
3 feingehackte Petersilienstengel
1/4 Tasse geriebener Käse
1 1/2 Teel. Salz
1/2 Teel. Pfeffer
Olivenöl

Die Tintenfische ausnehmen, in Streifen schneiden, abtrocknen und in Olivenöl tauchen. Die Gewürze in einer Plastiktüte mischen, dann einige Stücke Tintenfisch in die Tüte geben und mit den Gewürzen mischen. Auf diese Weise alle Tintenfischstücke würzen, dann auf geöltes Backpapier legen und bei 250 Grad ca. 15 Minuten im Ofen backen.
Als Vorspeise servieren.

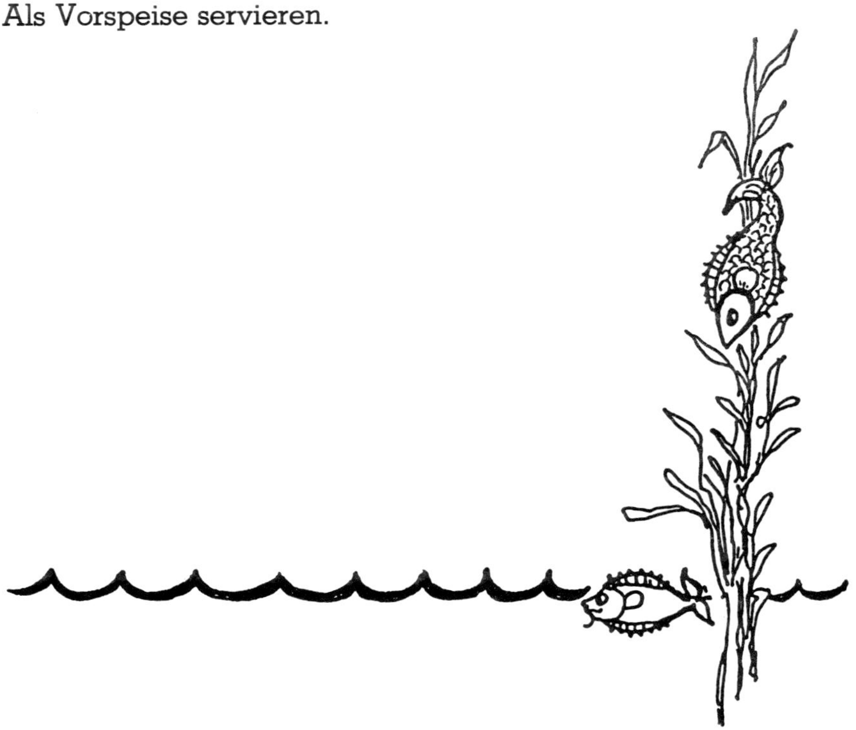

BACHFORELLE

20-60 cm

Lebend im Sommerhalbjahr erhältlich.
Gefroren oder geräuchert das ganze Jahr über.
Süsswasserfisch.

FORELLE MIT GEHACKTEN MANDELN

4 PERSONEN

4 Forellen
2 Essl. Mehl
1 Teel. Salz
1/2 Teel. Paprika
50 g Margarine
25 g Mandeln
1 Zitrone
400 ml. Creme fraiche
2 Tomaten
1/2 - 1 grüne Paprikaschote

Die Forellen ausnehmen, in einer Mischung aus Mehl, Salz und Paprika wenden und auf jeder Seite 5 Minuten braten. Wenn die eine Seite braun ist, den Fisch wenden und gehackte Mandeln auf die braune Seite streuen.
Die Tomaten mit heissem Wasser übergiessen, häuten und klein schneiden. Auch die Paprika klein schneiden und mit den Tomatenstücken zur Creme fraiche geben.
Mit gekochten Kartoffeln, Zitronenscheiben und kaltem Creme fraiche Dressing servieren.

KATFISCH

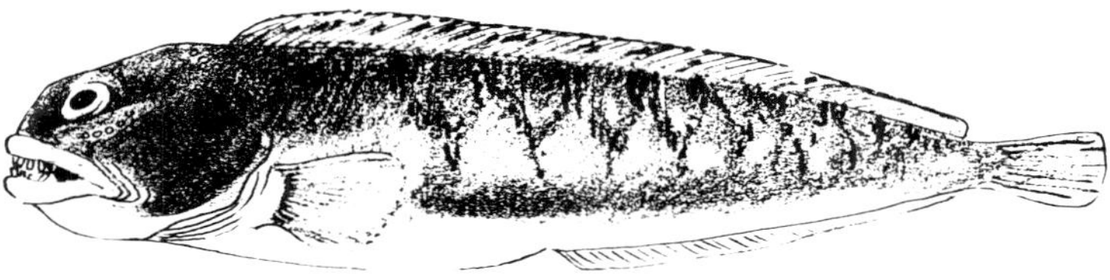

40-70 cm
Im Frühjahr und Herbst erhältlich

KATFISCHSCHNITZEL

MIT ZWIEBELN UND BRAUNER SOSSE (4 PERSONEN)

1 Katfisch ca. 1 kg
3 grosse Zwiebeln
Roggenmehl
Salz, Pfeffer, Butter

Nachdem der Katfisch ausgenommen und gehäutet ist (das übernimmt der Fischhändler), ihn in 1 cm dicke Scheiben schneiden.
Die Fischstücke in einem Tuch trocknen, in Roggenmehl mit Salz und Pfeffer wenden und dann auf der Pfanne in reichlich Butter braten.
Wenn der Fisch gut durchgebraten ist, ihn aus der Pfanne nehmen und die Zwiebelringe in der Butter braten, bis sie weich sind. Aus dem Rest der Butter dann eine braune Sosse anfertigen.
Die Fischscheiben können vor dem Braten auch in eine Schüssel gelegt und mit kochendem Wasser übergossen werden. Der Fisch wird dann weiss. Mit Pellkartoffeln servieren.

GEBRATENER KATFISCH

6 Scheiben Katfisch
1 Ei
Paniermehl
Salz
Pfeffer
Butter zum Braten
Sahne und Essig

Den Fisch panieren und ca. 7 Minuten auf jeder Seite braten.
Den fertig gebratenen Fisch aus der Pfanne nehmen und Sahne und etwas Essig zu dem Bratensaft geben.
Zu einer Sosse kochen und mit Kartoffeln zum Fisch servieren

SEETEUFEL

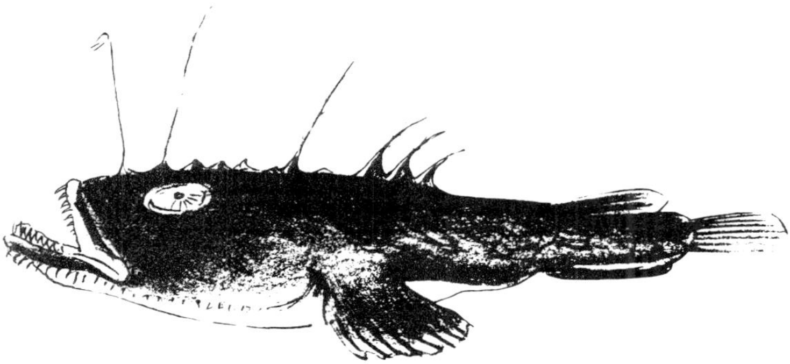

SEETEUFEL (4 PERSONEN)

Ca. 250 g Seeteufel pro Person
50 g Margarine
1 1/2 Teel. Curry
1-2 Zwiebeln
150 ml Schlagsahne
100 ml Wasser
1-2 Teel. Maizena

Seeteufel häuten, zu Filets schneiden und dann in Würfel. Die Zwiebeln mit dem Curry einige Minuten anschwitzen und dann den Fisch dazugeben. Wenn er braun wird, Wasser und Sahne dazugeben und das Gericht bei geringer Wärme 15 Minuten kochen lassen. Mit Reis servieren.

IM OFEN GEBRATENER SEETEUFEL

1 grosser Seeteufel (ca. 1 kg)
Knoblauch
Margarine
1-2 Lauchstangen
2-3 vorgekochte Möhren
250 g Champignon
1-2 Zwiebeln in Ringen
1-2 Tomaten in Scheiben
1 grosse Tasse Weisswein
1 kleiner Teel. Salz
1/2 Teel. Pfeffer
250 ml. Schlagsahne
ca. 200 ml. Creme fraiche
gehackte Petersilie
1 Glas Cognac

Den Seeteufel häuten, mit Knoblauch spicken und in eine gefettete ofenfeste Form legen. Rund um den Fisch Lauchringe, vorgekochte Möhren in Stücken, leicht geröstete Champignon, Zwiebeln und Tomaten legen. Weisswein, Salz und Pfeffer in einem Topf aufkochen und über den Fisch geben.
Den Fisch eine halbe Stunde in einen auf 250 Grad vorgewärmten Ofen stellen.
Die Bratenflüssigkeit mit Sahne zu einer Sosse aufkochen. Zu dem fertigen Fisch Creme fraiche geben, mit gehackter Petersilie bestreuen und ein Glas Cognac darübergiessen (kann ausgelassen werden).
Mit Kartoffeln und Tomatensalat oder Baguettes servieren.

SEETEUFEL MIT KRÄUTERN 12 PERSONEN

Ca. 400 g Seeteufelfilet in nicht zu kleinen Stücken. Kleingeschnittene Gewürze: Zwiebeln, Möhren, Lauch und kleine Portionen Sellerie, Fenchel und Pastinak.
Ca. 100 ml. Fischsuppe (von den gekochten Gräten)
Ca. 100 ml. trockener Weisswein
Safran
Butter
Salz, weisser Pfeffer

Die Butter in der Pfanne schmelzen, ohne sie zu bräunen, und den Fisch auf beiden Seiten leicht anbraten. Fischsuppe, Weisswein, Kräuter, Safran (sehr wenig), Salz und etwas Pfeffer hinzugeben und in geschlossener Pfanne fertig kochen. Kräuter und Fisch auf einer Schüssel anrichten und warm stellen. Die Flüssigkeit aufkochen, abschmecken, etwas Butter darin schmelzen und über den Fisch geben. Mit Fenchel und Cherrytomaten garnieren, keine Zitrone.
Dazu Pellkartoffeln servieren.

Etwas über Safran: Wenn man viele Fischgerichte zubereitet, kann es sich gut lohnen, ein Glas mit 2 g Safran zu kaufen. Safran ist zwar etwas teuer, aber zum einen braucht man ihn für viele Gerichte und zum anderen verwendet man immer nur sehr kleine Mengen. Am besten kauft man ganzen Safran, keinen pulverisierten.

Guten Appetit!

FISCHERFRAUEN-SCHNAPS

Ein kleines Marmeladenglas mit Deckel halb mit frisch gepfückter Myrte füllen. Das Glas mit Schnaps auffüllen und 12 Tage bei Stubentemperatur stehen lassen.
Ein anderes Glas halb mit Johanniskrautblüten füllen und 12-14 Tage bei Stubentemperatur stehen lassen.
Ein drittes Glas mit 30 reifen Wacholderbeeren, die Frost bekommen haben (Gefrierfach), und der Schale einer dünn geschälten Apfelsine füllen. Auch dieses mit Schnaps übergiessen und bei Stubentemperatur 14 Tage lassen. Nun giesst man den inhalt der drei Gläser je für sich durch ein Sieb und mischt gleiche Teile der drei Essenzen. Aus einer kleinen Flasche Schnaps ein Glas herausnehmen und durch ein Glas dieser Mischung ersetzen.
Vielleicht ist die Zubereitung etwas umständlich, aber das Resultat ist gut.
Dieser Schnaps ist von Hugo Nielsen, Hirtshals Museum, entwickelt worden.

HEILBUTT

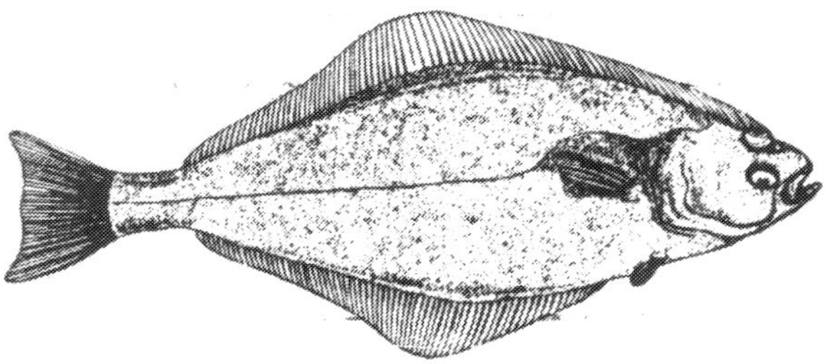

100-200 cm

Fast das ganze Jahr über erhältlich,
am besten von August bis Januar.
Maximale länge: 3-4 m.

GEBRATENER HEILBUTT

4-6 PERSONEN

Ca. 1 1/2 kg Heilbutt
Salz
etwas Essig
ca. 300 g geräucherter Speck
5-6 Scheiben Schinken
100 g Margarine
100 g Mehl
0,8 - 1 Liter Milch
1 Teel. Salz
etwas Zuckercouleur
200-300 ml Schlagsahne
Gelee

Fisch einige Minuten in Salzwasser mit etwas Essig legen.
Den Fisch gut schaben, abtrocknen und mit Speckstreifen spicken. In eine gefettete ofenfeste Form geben und die Schinkenscheiben auf den Fisch legen.
Einer dicken, mit Milch angerührten Sosse Couleur zusetzen und in einer dünnen Schicht auf dem Fisch verteilen.
Im Ofen bei 200 Grad ca. eine Stunde braten. Öfters mit der Sosse übergiessen.
Den Bratensaft vom Fisch nehmen, Sahne und Gelee zusetzen und wie Wildsosse abschmecken.
Mit Kartoffeln servieren.

HORNHECHT

50-70 cm
Im Frühjahr und Sommer erhältlich.

HORNHECHT

Der Hornhecht ist ein ausgesprochener Wanderfisch. Im Frühjahr ziehen grosse Schwärme vom Meer in die flacheren Gewässer, um zu laichen. Erst im ausgewachsenen Stadium haben Hornhechte den spitzen Schnabel. Besonders bemerkenswert sind auch die grünspanfarbenen Knochen.
Einige nehmen an, dass der Farbstoff giftig sei, aber er ist ganz unschädlich. Andere meinen, das sei ein guter Trick, die Knochen zu färben, so könne man sie wenigstens erkennen.

HORNHECHT FRIKASSE

4 PERSONEN

750 g entgräteter Hornhecht
Salz
2 Bund Petersilie
1 kleiner Blumenkohl
50 g Möhren
250 g Kartoffeln
1 Packung gefrorene Erbsen
750 ml Wasser
35 g Butter
50 g Mehl

Den Hornhecht innen mit Salz bestreuen und mit Petersilie füllen. Mit Baumwollfaden zusammenbinden. Die Fischrollen ca. 5 Minuten in etwas Wasser kochen.
Das kleingeschnittene Gemüse für sich in einem Topf kochen.
Die Flüssigkeit von Fisch und Gemüse sieben und für die Sosse verwenden. Mit Salz, Pfeffer und viel gehackter Petersilie abschmecken.
Fisch und Gemüse in einer Schüssel anrichten und die Sosse darübergeben. Mit Reis oder Weissbrot servieren.

WITTLING

20-30 cm
In den Monaten mit »r« erhältlich.

ANDALUSISCHES WITTLINGFILET 4 PERSONEN

4-6 Wittlingsfilets
Zitronensaft
Olivenöl
Salz

Sosse
500 g Tomaten, evtl. aus der Dose
4 Zwiebeln
1 Knoblauchzehe
4 Essl. Olivenöl
etwas Cayennepfeffer
Salbei
1 Glas Sherry
200 ml Creme fraiche
Petersilie

Die Wittlingfilets spülen und trocken tupfen. Zwiebeln schälen, fein hacken und auf einer grossen Pfanne in 4 Essl. Olivenöl anschwitzen. Die Knoblauchzehe darüber auspressen. Die Tomaten häuten, in kleine Stücke schneiden und in die Pfanne geben. Mit Salz, Pfeffer und Salbei bestreuen und 10 Minuten schmoren lassen.
Die Filets mit Zitronensaft beträufeln und mit Salz bestreuen.
Die Filets in Mehl wenden und ca. 3 Minuten auf jeder Seite braten. Die Tomatensosse mit Sherry abschmecken und Creme fraiche dazugeben.
Die Sosse in eine tiefe Schüssel geben, die Filets darauf legen und mit gehackter Petersilie bestreuen.
Mit Reis oder Petersilienkartoffeln servieren.

FISCHGULASCH

4 PERSONEN

600-800 g Wittlingfilet
2 Zwiebeln
1 Knoblauchzehe
Salz, Pfeffer
50 g durchwachsener Speck
2 Essl. Öl
3 Essl. Tomatenpüree
200 ml Weisswein
500 ml Fischbrühe
4 Tomaten, evtl. aus der Dose
2 Teel. Rosenpaprika
Saft von 1 Zitrone
1/2 Bund Petersilie
evtl. Mehl

Die Wittlingsfilets spülen und trocken tupfen. Mit Zitronensaft beträufeln und 10 Minuten ziehen lassen. Zwiebeln und Knoblauchzehe schälen und hacken. Den Speck in Würfel schneiden und in einem grossen Topf anschwitzen. Zwiebeln, Knoblauchzehen und Öl hinzugeben und erhitzen. Zusammen mit Tomatenpüree, Weisswein und Brühe köcheln lassen. Die Tomaten häuten, in kleine Stücke schneiden und zur Sosse geben. Mit Salz, Pfeffer, Paprika und Petersilie abschmecken.
Fisch mit Salz bestreuen und in grosse Stücke schneiden.
Fischstücke in die Sosse legen und bei schwacher Hitze 12-15 Minuten lang gar kochen. Die Sosse kann evtl. mit Mehl angedickt werden bevor die Fischstücke hineinkommen.
Fischgulasch mit Reis oder Kartoffelpüree servieren.

WITTLING

Wittling ist ein schmackhafter und preisgünstiger Fisch, der auch so serviert werden kann:
Den Fisch ausnehmen und gut spülen, in 3-4 cm dicke Scheiben schneiden (mit Gräten), in gesalzenem Mehl wenden und in der Pfanne goldbraun braten. Danach eine grosse Zwiebel in Ringe schneiden, in der Pfanne bräunen und über den Fisch geben.
Mit Kartoffeln und einer Sosse aus dem Bratensaft servieren.

WITTLINGHACK 4-6 PERSONEN

500 g Wittlingfilet
1 Teel. weisser pfeffer
2 Teel. Salz
1 Messerspitze geriebene Muskatnuss
2 Essl. Kartoffelmehl
2 Essl. Weizenmehl
2 Eier
300-400 ml Milch
evtl. Zwiebel

Fisch in kleine Stücke schneiden, mit Mehl und Gewürzen bestreuen und im Kühlschrank abkühlen lassen. Dann zweimal in der Küchenmaschine hacken (evtl. mit Zwiebel).
Das Hack mit kalter Milch verrühren und die geschlagenen Eier dazugeben. Wenn man das Hack besonders schmackhaft machen möchte, nimmt man anstelle der Milch Sahne.

WITTLINGHACK IM MIXER

2-3 PERSONEN

250 g Wittlingfilet
1/2 Teel. weisser Pfeffer
1 Teel. Salz
geriebene Muskatnuss
1 Essl. Kartoffelmehl
1 Essl. Weizenmehl
1 Ei
200 ml Milch
evtl. Zwiebel

Den Fisch in Streifen schneiden, in den Mixer geben, etwas Milch zusetzen und die Maschine eine Minute laufen lassen. Dann den Rest der Milch, Mehl, Ei und Gewürze hinzugeben und die Maschine weitere 2 Minuten laufen lassen. Fisch und Milch sollen kalt sein, bevor man beginnt.
Anstelle von Milch kann man auch Sahne verwenden.

WITTLINGFILET IM EIGENEN SAFT **4 PERSONEN**

600-800 g Wittlingfilet
Saft von 1 Zitrone
Salz, Pfeffer
1 Essl. Tomatenpüree
1/2 Bund Petersilie
1/2 Bund Dill
75 g Butter

Die Filets spülen, trocken tupfen, mit Zitronensaft beträufeln und ca. 5 Minuten ziehen lassen. Filets mit Salz und Pfeffer einreiben, in eine gefettete ofenfeste Form legen und mit Tomatenpüree bestreichen. Gehackte Petersilie und feingeschnittenen Dill auf den Filets verteilen und einige Butterflocken darauflegen. Die geschlossene Form bei 200 Grad ca. 20 Minuten in den Ofen stellen.
Mit grünem Salat, Kartoffeln und evtl. geschmolzener Butter servieren.

WITTLINGFILET IN FOLIE

6 PERSONEN

Ca. 1 kg Wittlingfilet
6 Zwiebeln
60 g Butter
Salz, Pfeffer
30 g Anchovispüree
Schale von 1/2 Zitrone
3 Essl. Paniermehl

Sosse
250 ml Creme fraiche
2 Eigelb
Salz
1/2 Bund Petersilie
1/2 Bund Dill
6 Tomaten
20 g Butter
1 Zitrone
Baguettes

Die Wittlingsfilets spülen und trocken tupfen. Zwiebeln schälen, in dünne Ringe schneiden, in Butter goldbraun braten und mit Salz und Pfeffer bestreuen.
Auf ein Stück Alufolie etwas Butter und einige Zwiebelringe geben, ein Filet darauflegen und mit Salz bestreuen. Butter und Anchovispüree zusammenrühren und etwas auf jedes Paket verteilen. Zum Abschluss einige Stücke in Streifen geschnittene Zitronenschale und etwas Paniermehl daraufgeben.
Die Folie dicht um den Fisch schliessen, einige Löcher hineinstechen und die Pakete bei 200 Grad ca. 12 Minuten in den Ofen setzen. Creme fraiche und Eigelb zusammenrühren und Salz, feingeschnittene Petersilie und Dill zugeben.
Die Folie öffnen, die Sosse über die Fische giessen und sie weitere 8-10 Minuten mit geöffneter Folie in den Ofen stellen.
Die gewaschenen Tomaten über Kreuz einschneiden, ein Stück Butter auf jede legen und ca. 5 Minuten grillen.
Den Fisch in der Folie mit Grilltomaten, Zitronenscheiben und Baguettes servieren.

NORWEGISCHE FISCHFRIKADELLEN 4 PERSONEN

500 g Wittlingfilet
Saft von 1/2 Zitrone
2 Eier
2 Essl. Mehl
Salz, Pfeffer
1 Zwiebel
50 g Butter
ausserdem 4 Lauchstangen
50 g Butter

Die Filets abspülen, trocken tupfen, mit Zitronensaft beträufeln und 10 Minuten ziehen lassen.
Fisch und Zwiebel mit der Küchenmaschine hacken und Ei, Mehl, Salz und Pfeffer hineinrühren. Evtl. etwas mehr Mehl oder Paniermehl hinzugeben, damit die Hackmischung nicht zu weich wird. Aus der Mischung 8 Frikadellen formen und sie 5 Minuten auf jeder Seite in Butter braten.
Die Lauchstangen putzen, in Ringe schneiden, gut abspülen und abtropfen lassen. Butter in die Pfanne geben und die Lauchringe 10 Minuten schmoren, mit Salz und Pfeffer bestreuen. Lauchringe auf den Boden einer Schüssel geben und die Frikadellen darauflegen.
Mit Petersilienkartoffeln servieren.

FISCHEINTOPF 4 PERSONEN

600 g Wittlingfilet
500 g Kartoffeln
2 Zwiebeln
Saft von 1 Zitrone
1 Knoblauchzehe
4 Essl. Öl
250 g Tomaten
1/2 Bund Petersilie
1 grüne Paprikaschote
1 Lorbeerblatt
Kapern

Die Filets spülen, trocken tupfen und mit Zitronensaft beträufeln. Kartoffeln schälen, in Würfel schneiden und in Salzwasser gar kochen. Zwiebeln schälen, kleinschneiden und in 2 Essl. Öl in einem Topf anschwitzen. Die Knoblauchzehe darüber auspressen und die gehäuteten kleingeschnittenen Tomaten, die Paprikaschote in Streifen und das Lorbeerblatt hinzugeben. Alles ein paar Minuten dämpfen, dann das Kartoffelwasser dazugiessen und 10 Minuten kochen lassen.
Die Filets trocken tupfen, in kleinere Stücke schneiden und salzen. 5 Minuten in Fett braten. Kartoffeln und Fisch in die Suppe geben. Evtl. die Pfanne mit Wasser auskochen, falls es zu wenig Suppe gibt.
In einer Terrine anrichten und mit gehackter Petersilie und Kapern garnieren.
In tiefen Tellern servieren und mit dem Löffel essen. Roggenbrot, Bauernbrot oder Sauerteigbrot dazu reichen.

SCHELLFISCH

30-50 cm

Am besten im Winterhalbjahr erhältlich.

SCHELLFISCH

Ein »herrschaftliches Gericht«, das man nicht so leicht vergisst, ist gesalzener Schellfisch mit Speckwürfeln.
Schellfisch ausnehmen, leicht salzen und 24 Stunden kalt stellen. Am nächsten Tag in Stücke schneiden und mit 2-3 Lorbeerblättern in Wasser (ohne Salz) ca. 15 Minuten kochen.
Nach einer alten Fischertradition wurde dieses Gericht am Morgen des 1. Weihnachtstages serviert, dann aber kalt und mit warmen Speckwürfeln und Weissbrot (vielleicht war der Brandwein daran schuld).
Als Abendgericht mit gekochten Kartoffeln und sehr warmen Speckwürfeln im Fett servieren.

LEICHTGESALZENER SCHELLFISCH 4 PERSONEN

1 Schellfisch von ca. 2 kg

Den Fisch schaben und die Flossen abschneiden, dann in Scheiben schneiden.
Die Stücke in eine Schüssel legen und 2 Essl. Salz darüberstreuen, bis zum nächsten Tag kühl stellen (nicht im Kühlschrank). Die Stücke leicht unter dem Wasserhahn abspülen, in kaltes Wasser legen und 10 Minuten kochen lassen.
Mit Kartoffeln, geschmolzener Butter mit etwas Lammfett, Senf und Rote Beete servieren.

SEEHECHT

SEEHECHT IM OFEN 4-6 PERS.

Ca. 1 1/2 kg Seehecht schuppen und gut spülen.
Längst der Wirbelsäule Taschen einschneiden. Dort hinein füllen: 2 Tomaten (in Stücke geschnitten), kleingehackte Zwiebel und Petersilie (evtl. auch Kräuter), Butterflocken, Salz und Pfeffer.
Als Füllung eignen sich auch Krabben und Champignons.
Den Fisch auf ein Stück Alufolie legen, die man um den Fisch faltet (aber den Fisch nicht ganz zudecken).
Bei 200 Grad 20-25 Minuten in den Ofen stellen.
Mit dem entstehenden Fischsud, Reis, Kartoffeln oder Baguettes servieren.

SEEHECHT ALS STEAK

Man kann den Seehecht auch in Scheiben schneiden, in Mehl mit Pfeffer und Salz wenden, braten und mit geschmorten Zwiebeln und Kartoffeln servieren.

LACHS

100-125 cm

Wanderfisch, den man theoretisch das ganze Jahr über fangen kann, am besten aber im Frühjahr, wenn er auf dem Weg zu den Laichplätzen ist.

EIN GANZER GEBRATENER LACHS 4 PERS.

Ca. 1 kg Lachs
2 Lauchstangen
4 Möhren
1 kleine Zwiebel
1 Bund Dill
200 ml Weisswein
200 ml Wasser
Salz, Pfeffer

Den Fisch schuppen, ausnehmen und gut spülen. Mit etwas Salz bestreuen und ca. 15 Minuten stehen lassen.
Das Gemüse putzen, in längliche Stücke schneiden und in leicht gesalzenem Wasser blanchieren. Gemüse zusammen mit der feingehackten Zwiebel, Dill, Wasser und Wein in eine gefettete ofenfeste Form geben. Den Fisch noch einmal spülen, abtrocknen, mit etwas Salz und Pfeffer bestreuen und in die Mitte der Form legen. Bei 200 Grad ca. 20 Minuten in den Ofen stellen, dann den Fisch wenden und auf der anderen Seite weitere 20 Minuten braten.
Den Lachs vor dem Servieren häuten und entgräten. Das Ganze mit kleinen Petersilienkartoffeln, evtl. Salat und Zitronensosse, die man aus dem Bratensaft zubereitet, servieren. Man kann dazu auch Champignon- oder Dillsosse reichen.

GEKOCHTER LACHS 4 PERSONEN

1 Lachs, ca. 1 kg, schuppen, ohne die Schuppen zu lösen, mit Salz bestreuen und ca. 1/2 Stunde ziehen lassen.
Man kan ihn ganz oder in Scheiben kochen. Eine Marinade wie unter »Gekochter Lachs - kalt serviert« beschrieben zubereiten. Die Lachsstücke 15-20 Minuten in der Marinade kochen. Einen ganzen Lachs ca. 30 Minuten kochen. Den Fisch mit Petersilie und Zitronenstücken garnieren. Dazu Kartoffeln servieren und geschmolzene Butter oder Zitronensosse oder Sauce Hollandaise.
Erfrischend schmeckt Gurkensalat dazu.

GEKOCHTER LACHS

KALT SERVIERT

Ca. 750-800 g Lachs

Marinade
1 Liter Wasser
100 ml Essig
1 Essl. Salz
1/2 Essl. Mehl
8 Pfefferkörner
2-3 Lorbeerblätter
1 kleine Zwiebel
1 Möhre

Dressing
100 g Mayonnaise
250 ml Creme fraiche
Zitrone
Salz, Pfeffer
etwas Zucker
1 Dose Spargel
125 g Krabben
2-3 Tomaten
evtl. Gurke
Dill

Man rechnet 125-150 g Lachs pro Person. Am besten geeignet sind die mittleren Stücke.
Die Marinade mit den Gewürzen in einem geschlossenen Topf 10-15 Minuten kochen und dann kalt stellen.
Fisch schuppen, abspülen, mit Salz bestreuen und ca. 15-20 Minuten ziehen lassen. Den Fisch wieder spülen, in die Marinade legen, der man evtl. etwas Dill zusetzen kann, und langsam zum Kochen bringen.
Der Fisch kocht bei geringer Wärme 20-25 Minuten, je nach Dicke, und soll dann in der Marinade abkühlen. Den abgekühlten Fisch enthäuten, entgräten und gut abtropfen lassen.
In einer Schüssel anrichten und Dressing darübergeben. Garnieren mit Spargel, Krabben, Tomaten und Dill.
Mayonnaise mit Zitrone, Salz und weissem Pfeffer abschmekken und Creme fraiche vorsichtig unterheben.

LACHSKOTELETT

4 Scheiben Lachs, ca. 750 g
Mehl, Salz und Pfeffer
50 g Margarine
1 Zitrone

Den Lachs spülen, abtropfen lassen, in einer Mischung aus Mehl, Salz und Pfeffer wenden und in der Margarine 4-5 Minuten auf jeder Seite goldbraun braten.
Mit gebräunter Butter, Kartoffeln und Gemüse der Jahrezeit servieren. Mit Zitronenstücken garnieren. Man kann dazu auch Sauce Bearnaise servieren.

LACHSAUFLAUF 15 PERSONEN

KALTES GERICHT

5 Lachsscheiben (ca. 1 cm dick)
750 g gehackter Räucherlachs
3 Eier
250 ml Schlagsahne
1/4 Teel. Salz
1/4 Teel. Pfeffer
gehackter Dill

Dressing
800 g Mayonnaise
1 Liter Creme fraiche
2 Essl. Essig
1 Bund Dill
Salz, Pfeffer, Zucker
Zitronensaft

Eine längliche Form gut mit Salatöl einfetten und die Lachsscheiben (ohne Gräten) hineinlegen.
Die übrigen Zutaten gut zusammenrühren und in die Form füllen. Im Wasserbad ca. 1 Stunde bei 175 Grad backen und kalt servieren. Garnieren mit Salat, Tomatenstücken, Zitronenscheiben und Dill. Mit Dressing und Baguettes servieren.

SEELACHS

SEELACHSSCHNITZEL

Schöne Scheiben Seelachs
Paniermehl
Ei
Zwiebel

Die Seelachsscheiben panieren und in reichlich Margarine braten. Die Zwiebeln bräunen. Bratenfett mit etwas Sahne zu einer Sosse aufkochen.
Die Seelachsschnitzel auf einer Schüssel anrichten, Zwiebeln darauflegen und etwas Sosse darübergiessen.
Mit gekochten Kartoffeln servieren.

PREBENS TOMATENSEELACHS 4 PERSONEN

2 Seelachsfilets, ca. 800 g
1 Dose Tomatenmark
1-2 Zwiebeln
Knoblauch
Salz, Pfeffer
200-300 ml trockener Weisswein
gebackene Kartoffeln
oder Kartoffelpüree
oder Reis
Tomatenstücke
Petersilie

Die gereinigten Filets abtrocknen und etwas mit Salz und Pfeffer kräutern. Tomatenmark auf das eine Filet streichen und dünne Zwiebelringe und etwas gehackten Knoblauch darauflegen. Das andere Filet mit Tomatenmark bestreichen und darauflegen. Das ganze in eine gefettete ofenfeste Form legen und Weisswein darübergiessen.
Die Form mit Alufolie zudecken und bei 200 Grad ca. 20 Minuten in den Ofen stellen.
Mit Tomatenstücken und Petersilie garnieren. Man kann dazu gebackene Kartoffeln reichen oder Kartoffelpüree und Erbsen oder Reis.
Das Gericht kann auch als Mittagsmahlzeit mit Sauerteigbrot serviert werden.

SEELACHS IN FOLIE 4 PERSONEN

2 Seelachsfilets
Kräutersalz/Salz
Zwiebel
Tomaten
Petersilie
etwas Butter
Weisswein
Zitronensaft

1 Stück Seelachsfilet auf ein grosses gefettetes Stück Alufolie legen und mit Kräutersalz und Zitronensaft würzen. Darauf feingehackte Zwiebeln, Tomatenscheiben und grob gehackte Petersilie legen.
Ein paar Butterflocken daraufgeben und etwas Weisswein.
Das andere Filetstück darauf legen. Die Folie ganz umschlagen und bei 200 Grad ca. 20-30 Minuten in den Ofen stellen. Die Garzeit ist abhängig von der Grösse des Fisches.
Mit Pellkartoffeln servieren.

Dieses leckere Fischgericht kann in Portionen, ein Folienpaket für jeden, oder als ganze Portion in einem grossen Paket zubereitet werden. Das Gericht eignet sich auch dazu, auf dem Holzkohlengrill gegrillt zu werden.

VARIATION
Anstelle von Zwiebeln und Tomaten kann man auch feingeschnittene Möhren und Lauch verwenden.
Auf den Tisch stellt man Brunnenkresse und Dill, um damit nach eigenem Geschmack zu würzen. Dazu passt ein Glas Weisswein.
Um Augen und Seele zu erfreuen, den Tisch mit Kerzen und einer Lieblingsblume dekorieren.

Guten Appetit!

DORSCH A LA GRØNBECH

1 Rest gekochter Dorsch
Hummerschwänze
Krabben
150 g Mayonnaise
1 Teel. Zitronensaft
1/2 Teel. Paprika
1 Teel. englische Sauce
1 Teel. Cognac
1-2 Essl. Tomatenmark
Salz, Pfeffer
etwas Knoblauch

Die Mayonnaise mit den verschiedenen Zutaten abschmecken (1 Knoblauchzehe für 12 Personen). Den Dorsch auf einer Schüssel anrichten und die Mayonnaise darübergeben. Das Gericht kann gut 2-3 Stunden ziehen.
Garnieren mit Hummerschwänzen, Krabben, Tomaten, Zitronenstücken und Dill.
Mit Baguettes oder Vollkornbrötchen servieren.

MAKRELE

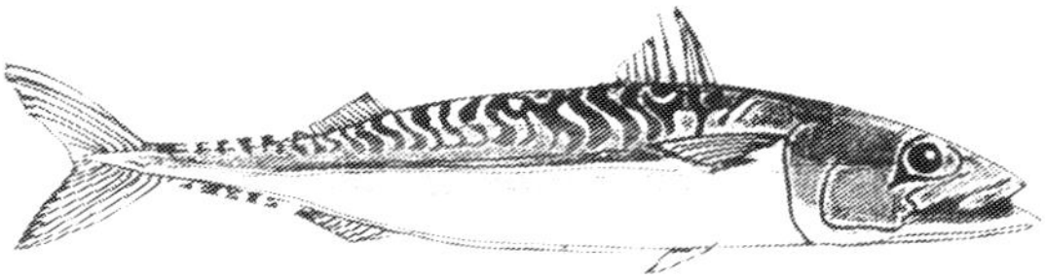

30-40 cm

Das ganze Jahr über erhältlich,
am besten aber im Frühjahr und Herbst.

MAKRELE

Die Makrele ist ein schmackhafter fetter Salzwasserfisch, der in grossen Mengen in den nördlichen Gewässern gefangen wird. Deswegen ist sie auch ein preisgünstiger Fisch. Das Fleisch ist etwas grob, hat aber einen guten Geschmack und ist sehr proteinreich. Die beste Makrelenzeit ist das Frühjahr oder der Herbst (genauso wie beim Hering).

FISCH AUF DEM GRILL

Kleine Makrelen- oder Heringsfilets mit etwas Salz bestreuen. Mit grob gehackter Petersilie und ein klein bisschen Zucker füllen. Dicht in eine gefettete Alufolie einpacken und auf dem Grill 5-10 Minuten auf jeder Seite, je nach Grösse, grillen. Mann kan das Gericht auch in einem Backofen mit Grill zubereiten. Mit Pellkartoffeln mit viel gehackter Petersilie und grünem Salat zubereiten.

FÜNISCHES STACHELBEERKOMPOT

Nicht ganz ausgereifte Stachelbeeren vorsichtig in leicht gezuckertem Wasser kochen bis sie platzen. 8-10 Minuten im Wasser stehen lassen, dann herausnehmen, abtropfen lassen und in eine Schüssel legen. Mit Zucker und Zimt bestreuen.
Wenn sie abgekühlt sind, Schlagsahne darübergiessen.
Dieser Kompott schmeckt ausgezeichnet zu gebratenem Fisch, besonders zu Makrele.

MARINIERTE MAKRELE

1 kg grosse Makrelen
2 Essl. feines Salz
1-2 Essl. Zucker
1 Teel. weisser gemahlener Pfeffer
1-2 Bund Dill

Die Makrelen filetieren: Mit einem scharfen Messer von den Kiemen bis zum Schwanz an der Wirbelsäule entlang aufschneiden und die Gräten entfernen. Danach die Filets waschen, abtrocknen und mit der Schuppenseite nach unten legen. Mit einer Mischung aus Salz, Zucker, Pfeffer und feingehackter Dill bestreuen.
Nun je zwei Makrelenfilets mit der Innenseite aufeinanderlegen und zugedeckt einen Tag lang in den Kühlschrank stellen. Die Filets sollen einmal gewendet werden. Danach die Gewürze abschaben und die Filets in dünne Scheiben schneiden. Auf geröstetem Weissbrot mit Butter und Senfdressing servieren. Marinierte Makrele kann eingefroren werden.
Reste des Gerichts sollen im Kühlschrank aufbewahrt werden und innerhalb von 2-3 Tagen gegessen werden.

HAUSGEMACHTER MAKRELENSALAT

2 ausgenommene Makrelen
1 Liter Wasser
5 Lorbeerblätter
3 Teel. Salz
1 Essl. Essig
200 ml. Ketchup
200 ml. Creme fraiche

Die ausgenommenen Makrelen in Salzwasser mit Lorbeerblättern und Essig kochen. Die gekochten Makrelen häuten und Gräten entfernen. Das abgekühlte Fleisch mit Ketchup und Creme fraiche mischen.

GEKOCHTE MAKRELE

Man verwendet am besten eine Sommermakrele.
Das Gericht wird genauso zubereitet wie gekochter Hering.
Für 1,5 kg Makrele kocht man eine Lake aus 2 Liter Wasser, 2 Essl. Salz, 4 Lorbeerblätter und 6 Pfefferkörner.
Wenn die Lake 20 Minuten gekocht hat, den Fisch hineinlegen und weitere 20 Minuten bei schwacher Wärme kochen.
Dazu Kartoffeln und Petersiliensosse oder Sauce hollandaise servieren.

MAKRELE IN GELEE

1-2 Makrelen
1 Liter Wasser
100 ml Essig
1/2 Essl. Salz
10 ganze Pfefferkörner
1-2 Lorbeerblätter
12 Blatt Gelatine

SOSSE
50 g Mayonnaise
400-500 ml Creme fraiche
1-2 Teel. französischer Senf
1/2 Teel. weisser Pfeffer
1 Teel. Mehl
100 ml geschlagene Sahne

Die Makrelen ausnehmen, in Stücke schneiden und 8-10 Minuten in der Lake kochen. Die Fischstücke herausnehmen und die Gräten entfernen.
Die Lake abschmecken, eingeweichte Gelatine zugeben und durchsieben. Fischstücke in eine Schüssel legen, die Suppe darübergiessen und mit Lorbeerblättern, Tomaten und Gurken garnieren.

MAKRELE ALS STEAK

Makrele ausnehmen, filetieren und in passende Stücke schneiden. Die Stücke in Mehl wenden und auf der Pfanne hellbraun braten. Mit gebräunten Zwiebeln, brauner Sosse und Kartoffeln servieren.

FISCHERFRAUEN MAKRELE

Ca. 1 kg Makrele
4 Tomaten
1 Teel. Salz
1/2 Teel. Pfeffer
3 Zwiebeln
75 g Butter

Die frische Makrele ausnehmen und die Gräten entfernen. Den Fisch in eine gefettete ofenfeste Form legen. Die Tomaten in Scheiben schneiden und in Reih und Glied auf die Makrele legen.
Zwiebeln auf der Pfanne bräunen. Salz, Pfeffer, Zwiebeln und Paniermehl über die Makrelen streuen und bei 180 Grad 1/2 Stunde in den Ofen stellen.
Mit gekochten Kartoffeln oder geröstetem Brot servieren.

MAKREL PROVENCALE 4 PERS.

2 Makrelen, Mehl, Salz, Pfeffer, Butter zum Braten, 8 Schalotten oder 2 gewöhnliche Zwiebeln, 4 Tomaten, 4 Essl. gehackte Petersilie.

Die Makrelenfilets mit Küchenpapier trockentupfen, in Mehl wenden, das mit Salz und Pfeffer gewürzt ist, und auf der Pfanne auf beiden Seiten bräunen. Filets in eine ofenfeste Form legen. Die Zwiebeln hacken und goldbraun schwitzen.
Die gehäuteten Tomaten kleinscheiden, zu den Zwiebeln geben und einige Minuten dämpfen. Danach die gehackte Petersilie dazugeben.
Die Mischung mit Salz und Pfeffer abschmecken und über den Fisch giessen. Die Form in den Backofen stellen und ca. 20-25 Minuten braten. Dazu Pellkartoffeln reichen.

MAKRELE ALS AUFSCHNITT

Nicht zu grosse Makrelenfilets in Mehl und Salz wenden und in Margarine braten. Dann in eine Schüssel legen.
Geschnittene Zwiebeln auf der Pfanne bräunen. Einen grossen Essl. Mehl darüberstreuen und einkochen lassen.
Nun 50 ml Essig dazugiessen und solange köcheln lassen, bis die Sosse eingedickt ist. Sosse über den Fisch geben.
Kalt mit Roggenbrot servieren.

GESALZENE MAKRELE

Eine frisch gefangene Makrele aufschneiden, mit Salz bestreuen, eine Stunde ziehen lassen und dann zum Trocknen aufhängen, bis die Haut beginnt sich zusammenzuziehen.
Die Makrele mit der Schuppenseite nach unten in eine ofenfeste Form legen, frisch gemahlenen Pfeffer darüberstreuen und 100 ml Creme fraiche daraufstreichen. Bei 175 Grad 10-15 Minuten in den Ofen stellen.
Mit Vollkornbrot und Butter servieren.

IM TOPF GEBRATENE MAKRELE

Kleine Makrelen entgräten, innen mit wenig Salz bestreuen und mit Petersilie und etwas gehackter Zwiebel füllen.
Makrelen mit einer Nadel oder Baumwollgarn zusammenhalten und in einem Bratentopf in Margarine bräunen. Etwas Sahne (evtl. auch etwas Curry) dazugeben und 20 Minuten braten. Mit Kartoffeln oder Reis servieren.
Auch als leichte Mittagsmahlzeit mit Weissbrot geeignet.

DORNHAI

KNUSPRIGER DORNHAI

Den Fisch ausnehmen und längst aufschneiden und die Wirbelsäule entfernen, aber der Fisch soll noch in der Mitte zusammenhängen. Mit Salz bestreuen und ca. 15 Minuten ziehen lassen. Danach abspülen und zum Trocknen in die Sonne hängen. Gibt es keine Sonne, den Fisch neben den Ofen hängen, damit er trocknet.
Den Fisch mit Margarine einfetten und in den Backofen stellen. Hellbraun braten und mit Kartoffeln und Buttersosse servieren. Auch Roggenbrot schmeckt sehr gut dazu.

STEINBUTT

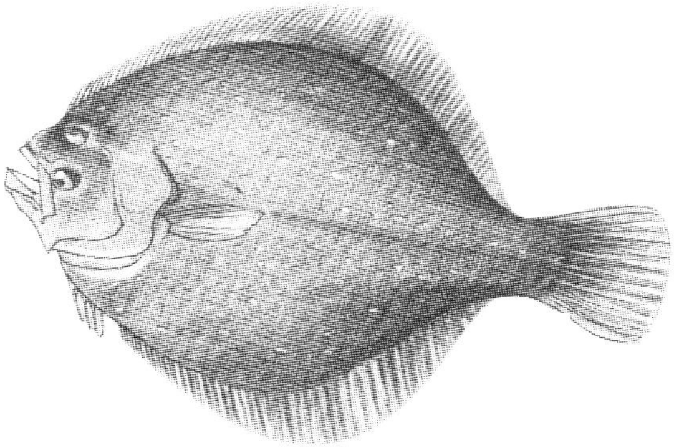

70-90 cm

Das ganze Jahr über erhältlich,
am besten aber von Oktober bis Mai.

IM BUTTER GEGARTER STEINBUTT 6 PERS.

AUF DER BRATPFANNE ODER IM BACKOFEN

1 Steinbutt (ca. 1 1/2 kg) auf der weissen Seite schuppen und auf der dunklen Seite mit Salz bestreichen.
Die Kiemen herausziehen und die Flossen abschneiden. Den Fisch waschen und abtrocknen. Auf der dunklen Seite längst des Rückgrats einschneiden. Das Messer zu beiden Seiten unter die Filets führen so dass zwei Taschen entstehen.
100 g Butter weichrühren und nach und nach zugeben:
1 1/2 Essl. Sherry, 1 1/2 Teel. Salz, 3 Essl. fein gehackte Schalotten und 3 Essl. fein gehackte Petersilie.
Auf die Mitte eines Stückes Aluminiumfolie, das etwas grösser als der Fisch ist, ein Stück der Buttermischung geben und den Fisch darauflegen. Die Buttermischung in den beiden Taschen verteilen und etwas auf den Fisch streichen.
Die Folie um den Fisch legen, so dass sie auch teilweise die Oberseite bedeckt. Besonders die Ecken gut zusammendrükken, damit bei der Zubereitung keine Flüssigkeit austreten kann. In einem warmen Ofen bei 225 Grad ca. 30 Minuten garen. Dann die Folie etwas zur Seite beugen und die Haut von der Oberseite wegziehen.
In Folie servieren, evtl. mit kleinen Pellkartoffeln.

KRABBEN

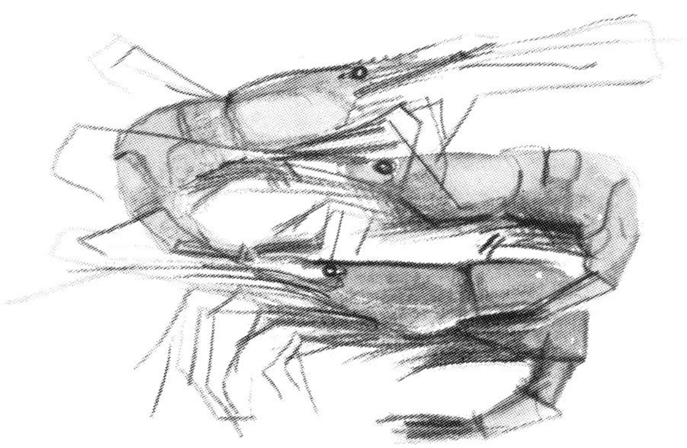

KRABBENCOCKTAIL (4 PERS.)

200 g Krabben
1 Salatkopf
1 Zitrone
2-3 Essl. Mayonnaise
2 Essl. Tomatensaft
2 Essl. Zitronensaft
1 Teel. englische Sosse
etwas geriebene Zwiebel
Salz

Feingeschnittenen Salat auf den Boden von Glasschalen legen und darüber folgende Marinade giessen: Mayonnaise, Tomatensaft, Zitronensaft, englische Sosse und geriebene Zwiebel. Zum Schluss die Krabben in den Schalen verteilen und in den Kühlschrank stellen. Den Krabbencocktail vor dem Servieren mit Zitronenscheiben garnieren.

KRABBEN- ODER THUNFISCHAUFLAUF

150 g Mehl
100 g Margarine
100 g Mager Quark
3 Eier
250 ml Kaffeesahne
50 g geriebener Käse
200 g Krabben
oder 1 Dose Thunfisch in Wasser

Mehl und Margarine zusammenkneten, mit dem Quark mischen und 1 Stunde in den Kühlschrank stellen. Nun den Teig ausrollen und eine gefettete Auflaufform damit auslegen.
Eier, Sahne und Käse verquirlen, etwas Salz und Pfeffer dazugeben und die Mischung in die Form giessen.
Die Krabben darauf verteilen. Bei 200-225 Grad 15-20 Minuten backen.
An Stelle von Krabben kann man auch Thunfisch verwenden. Das Wasser lässt man dann abtropfen.

KRABBEN MIT AVOCADODRESSING

200 g Krabben
1 Salatkopf
4 hartgekochte Eier
1/4 - 1/2 Gurke
1 Avocado
3 Essl. Mayonnaise
Zitronensaft
weisser Pfeffer
Salz

Den Salat in Streifen schneiden, Eier achteln oder grob hacken, Gurke in Scheiben schneiden und in Streifen auf einer Platte anrichten.
Das Avocadofleisch musen und abschmecken.
Mit Baguettes oder Vollkornbrot servieren.

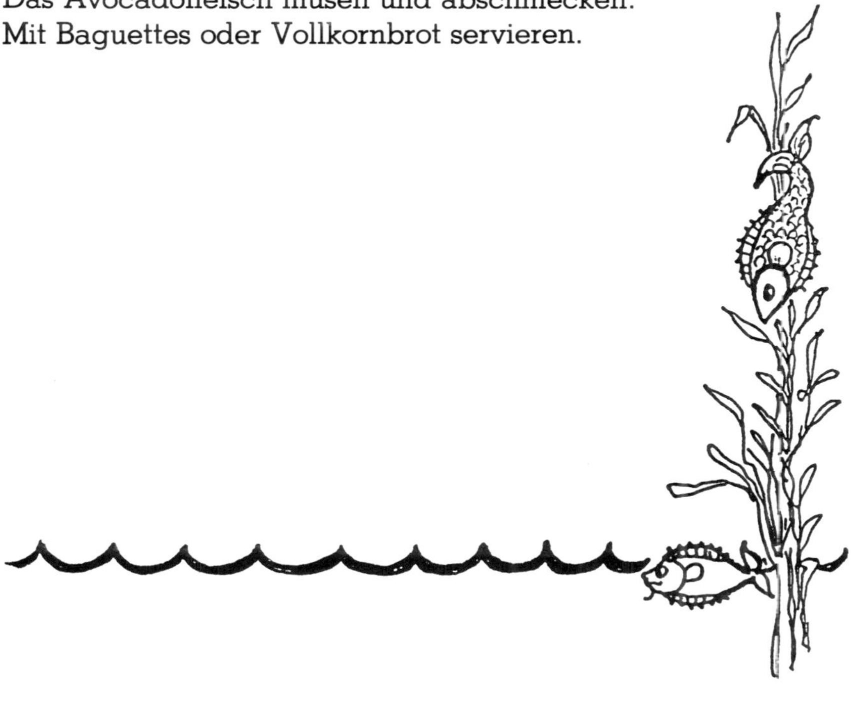

FISCHBURGER MIT THUNFISCH

4 grosse oder 8 kleine Hamburgerbrötchen
1 Dose Thunfisch (in Wasser oder Öl)
1/2 - 1 Eisbergsalat
4 Tomaten
1/4 Gurke
1 Zwiebel
Dressing

Die Hamburger fast durchschneiden. Fein geschnittenen Salat, dünne Scheiben Tomaten, Gurken und Zwiebeln drauflegen, danach Thunfisch und Dressing. Zusammengeklappt sind sie fertig zum Servieren.
An Stelle von Thunfisch eignet sich auch geräucherter Schwarzer Heilbutt oder Krabbenfleisch.

KLIESCHE

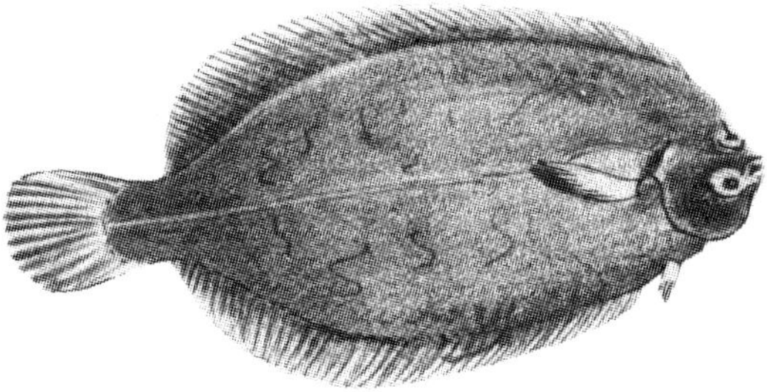

20-45 cm

Das ganze Jahr über erhältlich,
am besten aber im Sommer.
Salzwasserfisch.

KLIESCHEFILET

8 Klieschefilets
ca. 40 g Krabben
200-300 ml Weisswein
Salz, Pfeffer
Öl
frisches Basilikum
oder Zitronenmelisse
oder Brunnenkresse
Melone
Brokkoli
1 kg Kartoffeln

Filets spülen, abtrocknen, mit Öl einpinseln, mit etwas Salz und Pfeffer bestreuen und um 4-5 Krabben und frisches Gewürz zusammenrollen. In eine gefettete ofenfeste Form legen. Trockenen Weisswein dazugiessen und 10-15 Minuten bei 220 Grad in den Backofen setzen.
Warm servieren mit Melone, Brokkoli und frischen Kartoffeln.
Dazu Sauce hollandaise servieren oder die Flüssigkeit vom Fisch mit etwas Sahne zu einer Sosse aufkochen.
Kalt servieren mit Melone, Tomate, Gurke und Salat.

KLIESCHE IN DER FORM

1 kg Klieschefilets
1 Dose Tomaten
250 ml Sahne
1 Dose Tomatenpüree
Salz, Pfeffer
2 Zwiebeln
2 Äpfel

Die Klieschefilets in eine gefettete Form legen. Zwiebeln und Äpfel reiben und über die Filets legen.
Die übrigen Zutaten darübergiessen. Bei 225 Grad ca. 30 Minuten in den Ofen stellen.
Reis und Baguettes dazu servieren.

LUMPFISCH

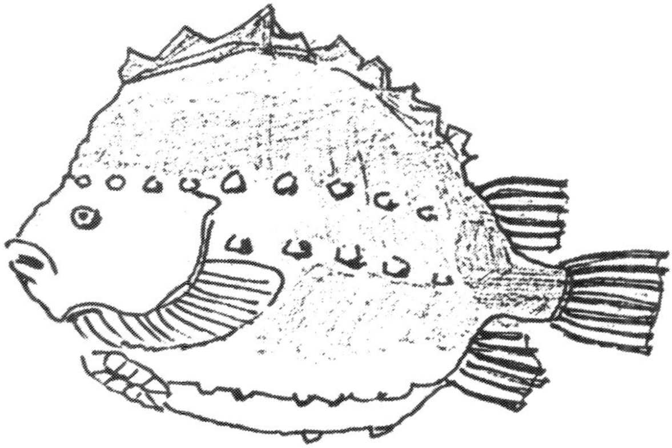

30-58 cm

Von Februar bis Mai beim Fischhändler erhältlich, ausgenommen und gehäutet.

LUMPFISCH IN GELEE

KALTES GERICHT

Ca. 2 kg Lumpfisch
1 Leber
1 Liter Wasser
100 ml Essig
1/2 Essl. Salz
1/2 Teel. Zucker
1/2 Teel. Kurkuma
10 ganze Pfefferkörner
1-2 Lorbeerblätter
evtl. 1/2 Teel. Pimentkörner
1 kleine Zwiebel
12 Blatt Gelatine für 1 Liter Wasser

Lumpfisch ausnehmen und 10-15 Minuten in leicht gesalzenes Wasser legen. Die Lake aufkochen und etwas abkühlen lassen. Fisch in 1 1/2 cm dicken Scheiben im geschlossenen Topf zusammen mit der Leber (falls gewünscht) vorsichtig 8-10 Minuten kochen. Den Fisch herausnehmen, die Lake aufkochen, die eingeweichte Gelatine dazugeben und durchsieben. Fisch und Suppe in einer Schüssel anrichten.
Garnieren mit Tomaten, Petersilie und Zitrone oder mit etwas anderem. Mit Roggenbrot servieren.

Ris og flütes serveres til.

SEEZUNGE

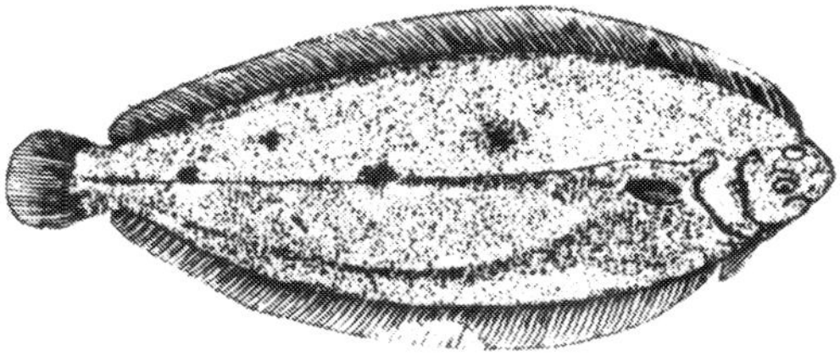

Das ganze Jahr über erhältlich.
Am besten von Mai bis September.

SEEZUNGE

PETER THYGESEN, TERNDRUP, ERZÄHLT:

Als ich Kochlehrling im 2. Jahr war, hatte ich gerade angefangen mehr oder weniger selbständig »a la carte« zu arbeiten. Das war ja sehr ehrenvoll und spannend.
Eines Tages erhielt ich eine Bestellung für eine Seezunge in Estragon (Sole a l'Eastragon). Der Oberkellner informierte mich darüber, dass die Bestellung von einem belgischen Geschäftsmann kam. Alleine die Tatsache, dass es sich um einen Ausländer handelte, gab der Sache ein gewisses Etwas.
Nach Geschäftsverhandlungen, vielleicht in Schweden, war dieser Gast nun zum Mittagessen hier gelandet. Und ich sollte seine Seezunge zubereiten, bevor er seine Reise nach Belgien fortsetzen wollte.
Er speiste, trank eine Flasche Chablis dazu, und setzte seinen Kurs gen Süden.
Spät am Nachmittag erhielt ich eine Bestellung des gleichen Gerichts. Der Oberkellner teilte mir mit, dass es sich um denselben Belgier handelte, der zurückgekommen war. Nach etwa 150 km Fahrt war er wieder hungrig geworden.
Die Erinnerung an die gerade verzehrte Seezunge war zu stark gewesen, deswegen wendete er sein Auto und fuhr zurück, um eine dazu zu bekommen...!
Raten Sie einmal, wer an dem Tag stolz war!

ABER NUN ZUM REZEPT.

Man nimmt, wie Madam Mangor schreibt, (2 Personen)
2 Stücke Seezunge, gehäutet
ca. 150 ml trockener Weisswein
essiggesäuerter Estragon
3 Eigelb
300 g Butter/Margarine, geschmolzen
Salz, weisser Pfeffer

Den Fisch mit Salz bestreuen und in eine gefettete Pfanne legen. Weisswein und etwas von dem Estragonessig dazugie-

ssen. Etwas Estragon (Stiele) dazugeben und den Fisch dämpfen bis er fertig ist. Den Fisch herausnehmen und in einer Schüssel warmhalten.
Etwa 4-5 Essl. der Flüssigkeit durch ein Sieb giessen. Eigelb in einen Topf mit dickem Boden geben, Flüssigkeit hineinrühren und bei schwacher Wärme (evtl. Wasserbad) legieren, bis die Sosse cremeartig wird. Von der Platte nehmen und noch etwas rühren, um die Eimasse abzukühlen. Dann die geschmolzene, aber nicht zu warme, Butter unter Rühren in kleinen Portionen dazugeben. Die Dicke der Sosse kann unter Umständen mit etwas Weisswein verändert werden.
Abschmecken mit Salz und etwas weissem Pfeffer - evtl. auch Estragonessig. Sieben, falls die Sosse Klumpen gebildet hat.
Danach ca. 1 grossen Essl. feingehackte Estragonblätter dazugeben. Etwas der Sosse über den Fisch giessen, der nach Lust und Laune mit frischem Estragon und blanchierten Cherrytomaten garniert werden kann (Vorsicht vor zu viel Garnitur, der Fisch ist wichtig).
Mit Pellkartoffeln und dem Rest der Sosse servieren.

SEEZUNGEFILET EIN TRAUMGERICHT

8 grosse Seezungenfilets in einen mit Butter gefetteten flachen Topf oder eine Pfanne legen, mit Salz und Pfeffer würzen. Bestreuen mit feingehackten rohen Champignons, in Streifen geschnittener Paprikaschote und fein gehackten Trüffeln. Mit Rheinwein im geschlossenen Topf ca. 5 Minuten dämpfen (1/8 Flasche für je 4 Filets). Fisch in eine vorgewärmte flache Schüssel legen. Zum Bratensaft 500 ml Sahne geben und etwas einkochen. Die Pfanne von der Platte nehmen, Butter zur Sosse geben und über die Seezungenfilets giessen.
Mit Parmesan-Käse bestreuen und in einem sehr warmen Ofen überbacken. Dazu Butterteigschnitten servieren.

SEEZUNGE WALEVSKA

8 Seezungenfilets zusammenrollen und in leicht gesalzenem Wasser mit etwas Fenchel gar kochen.
Für die Sosse 50 g Butter mit 1 Teel. Paprika bräunen, 50 g Mehl dazugeben und mit Fischsuppe aufkochen (Die Fischsuppe kann aus Kopf und Gräten, etwas Salz und 1 Lorbeerblatt zubereitet werden oder aus einem Fischbrühwürfel).
Mit Salz abschmecken, vielleicht etwas mehr Paprika und ein bisschen Zucker. Krabben oder Hummerbissen zur Sosse geben. Den Fisch nun in eine halbtiefe Schüssel legen, die Sosse darübergiessen und zum Schluss mit Krabben und Hummerstücken garnieren.
Dazu gekochten Reis mit Paprika bestreuet servieren. Dieses Gericht verdient einen trockenen französischen Rotwein.
Das Gericht kann auch mit Curry und Zitrone an Stelle von Krabben und Paprika zubereitet werden, hierzu reicht man ebenfalls Reis. Schollenfilet können auf die gleiche Art und Weise zubereitet werden.

LACHSFORELLE

60-75 cm

Gefroren das ganze Jahr über erhältlich.
Hochsaison für lebende Lachsforellen,
sind die Sommermonate.
Süsswasserfisch.

LACHSFORELLEN MOUSSE

2 grosse Regenbogenforellen (geräucherte)
2 Essl. Mayonnaise
300 ml Schlagsahne
3 Blatt Gelatine
200 ml Creme fraiche
1 Bund Petersilie
1 Bund Dill
1 Bund Schnittlauch
Salz und Pfeffer
Salat

Haut und Gräten von den geräucherten Regenbogenforellen entfernen und klein musen. Mischen mit Mayonnaise, frisch gemahlenem Pfeffer, Schlagsahne und der eingeweichten Gelatine. In eine Schüssel geben, kalt stellen, dann stürzen und mit einer Creme fraiche Sauce servieren, zubereitet aus Creme fraiche mit den feingeschnittenen Kräutern.
Mit Salat und Brot servieren.

AAL

40-90 cm

Das ganze Jahr über erhältlich.
Am besten von August bis Januar.

GEBRATENER AAL (4 PERSONEN)

1 kg Aal
Salz
50 g Margarine oder eine Hälfte Weintraubenkernöl
1 Ei
Paniermehl oder Roggenmehl
Der Fischhändler übernimmt das Häuten des Aals. Den Aal dann ausnehmen, in 6-8 cm grosse Stücke schneiden, mit Salz bestreuen und ca. eine Stunde stehen lassen.
Nun die Stücke spülen, abtrocknen und in einer Mischung aus Ei und Paniermehl oder Ei und Roggenmehl wenden. Auf der Pfanne ca. 7-8 Minuten auf jeder Seite braten.
Dazu serviert man gebräunte Butter mit Zitronensaft und Kartoffeln in Milch mit Petersilie bestreut. Mit Zitronenstücken garnieren.

KARTOFFELN IN MILCH I

1 kg feste Kartoffeln
0,8-1 Liter Milch
75 g Margarine
50 g Mehl
1 Teel. Salz
gehackte Petersilie

Kartoffeln schälen, in Würfel schneiden und zusammen mit der Milch in einem Topf mit dickem Boden zum Kochen bringen. Ca. 20 Minuten bei geringer Hitze kochen lassen.
Butter schmelzen und mit Mehl zu einer Kugel zusammenrühren. Diese in die Kartoffeln rühren und einige Minute mitkochen lassen.
Abschmecken und mit Petersilie bestreut servieren.

KARTOFFELN IN MILCH II

1 kg Kartoffeln
50 g Margarine
60 g Mehl
ca. 500 ml Milch
ca. 1 Teel. Salz
gehackte Petersilie

Kleinere feste Kartoffeln mit Schale kochen. Margarine und Mehl mit der Milch erhitzen.
ODER: Mehl und milch unter Rühren zum Kochen bringen. Butter und etwas Salz dazugeben. Die kleingeschnittenen Kartoffeln vorsichtig in der Sosse aufwärmen.
Mit Petersilie bestreut servieren. Etwas der Milch kann mit Schlagsahne ersetzt werden.

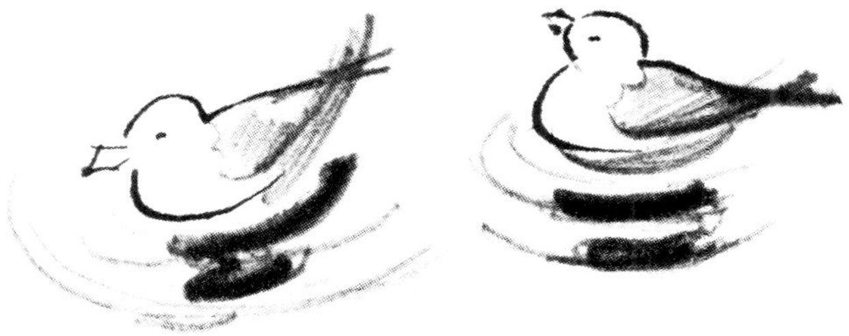

STRANDRAUB

Es war schon immer spannend am Meer entlang spazieren zu gehen, um seltene Steine, Schneckenhäuser, Bernstein und andere Dinge zu finden, die man gerne mit nach Hause nehmen darf.
Grössere und wertvolle Dinge, wie z.B. angetriebene Holzbalken, darf man nicht mitnehmen. Die werden auf einer Versteigerung verkauft.
Am Anfang dieses Jahrhunderts, als die Menschen hier an der Küste sehr arm waren, ging man oft an den Strand, um zu sehen, ob dort etwas angetrieben war, das man gebrauchen konnte. Besonders wenn Schiffe strandeten, gab es Funde von Fett in Eimern, Margarine in Tonnen, Sirup und Tabak in Dosen usw.
Wenn man etwas fand, das man gut gebrauchen konnte, trug man es manchmal hoch in die Dünen und vergrub es dort, um es im Dunkel der Nacht zu holen.
Zu der Zeit lebte ein Fischer, der ein Holzbein hatte, ein richtiges Seeräuberholzbein. Er entdeckte, wo etwas von dem Strandgut in den Dünen versteckt lag, und bekam Lust es zu holen. Um sich nicht zu verraten, schlug er mit einem Nagel einen Holzschuh an seinem Holzbein fest.
Weil der Holzschuh aber nur mit dem einen Nagel befestigt war, löste er sich unterwegs im Sand. So zeigte der eine Holzschuh mit der Spitze nach vorne und der andere nach hinten. Auf diese Weise verriet der Fischer sich doch.

RATSCHLÄGE ÜBER GEHACKTEN FISCH

Den besten gehackten Fisch erhält man, wenn man verschiedene Fischarten mischt, z.B. Dorsch, Schellfisch, heller und dunkler Seelachs. Auch Seeteufel kann man gut dazumischen weil er ein sehr fester und geleeartiger Fisch ist.

Wenn man die Zubereitung von gehacktem Fisch studiert, entdeckt man, dass es viele verschiedene Methoden gibt.
Einige werden heute sicher Speck vermeiden, weil sie Probleme mit Kalorien und Kolesterol haben. Ei kann auch weggelassen werden, aber das Hack wird leichter, wenn man 1-2 geschlagene Eiweiss zusetzt.

In den Bratrezepten ist meistens Margarine zum Braten angegeben. Diese kann durch Margarine mit mehrfach ungesättigten Fettsäuren oder durch Weintraubenkernöl (oder ein anderes Pflanzenöl) ersetzt werden.

SÜSS UND SAUER ZU GEBRATENEM FISCH

Aus den vielen Gesprächen mit ganz unterschiedlichen Menschen ging hervor, dass man zum gebratenen Fisch sehr oft Marmelade serviert, z.B. Preiselbeere oder Moosbeere.
Man verwendet auch süsse eingelegte Tomaten oder Gurkensalat, und nicht zu vergessen Rote Beete für z.B. Fischfrikadellen.

LAUCH IN FISCHHACK

(4-6 PERSONEN)

4 Lauchstangen
1/2 kg Fischhack
Mehl, Paniermehl
50 g Margarine
50 ml Weintraubenkernöl

SOSSE
30 g Margarine
35 g Mehl
300-400 ml Lauchwasser
1 Eigelb
1/2 Teel. Salz

Das Weisse der Lauchstangen in zwei Stücke schneiden (ca. 6-7 cm lang) und in leicht gesalzenem Wasser gar kochen.
Auf ein Stück Pergamentpapier Mehl und Paniermehl streuen und darauf 1-2 Essl. festes Fischhack legen. Lauchstücke abtropfen lassen, jeweils ein Stück auf das Fischhack legen und mit Hack ganz umschliessen.
Auf der Pfanne in Margarine und Öl auf jeder Seite 5-7 Minuten braten. Mit einer hellen angedickten Sosse aus Lauchwasser servieren.

GEFÜLLTER WEISSKOHL

(6 PERSONEN)

1 Weisskohlkopf
1/2 kg Fischhack
1 1/2 Teel. Salz
1/2 - 1 Teel. Pfeffer
1 Essl. Weizenmehl
1 Essl. Kartoffelmehl
1 Zwiebel
1-2 Eier
200 ml Schlagsahne
evtl. etwas Milch

Einen »Deckel« vom Weisskohl abschneiden und ihn aushöhlen. Das Fischhack hineinfüllen und den Deckel wieder drauflegen. Den Kopf in leicht gesalzenem Wasser ca. 1 Stunde kochen. Den herausgeschnittenen Kohl für sich kochen.
Mit geschmolzener Butter, heller Sosse oder Currysosse aus dem Kochwasser servieren.

FISCHHACKPUDDING

1/2 kg Fischhack
1 Essl. Weizenmehl
1 Essl. Kartoffelmehl
1 1/2 Teel. Salz
1/2 Teel. Pfeffer
1 Zwiebel
2 Eier
200-300 ml Schlagsahne
evtl. etwas Milch
Krabben

Das Fischhack erst mit Salz mischen, dann die übrigen Zutaten dazugeben. Die Sahne nach und nach dazugeben, bis das Hack die richtige Konsistenz hat. Das Hack in eine gefettete Ringform geben und im Wasserbad ca. 30-40 Minuten kochen. Den Ring auf eine Schüssel stürzen, etwas Sosse darübergiessen und mit Krabben garnieren.
Mit Butterteigschnitten und Sauce hollandaise servieren. Als Variation können dem Hack kleine Stücke halbgekochte Möhre und gefrorene Erbsen zugesetzt werden.
Oder kleine Würfel rote und grüne Paprikaschote.
Oder das Hack mit Knoblauch, Paprika oder feingeschnittenem Estragon kräutern.

Fra Oldemor's køkken...

Dieses alte Rezept wurde von Karen Mikkelsen (Sort) nach ihrer Eheschliessung im Jahre 1897 angewandt.

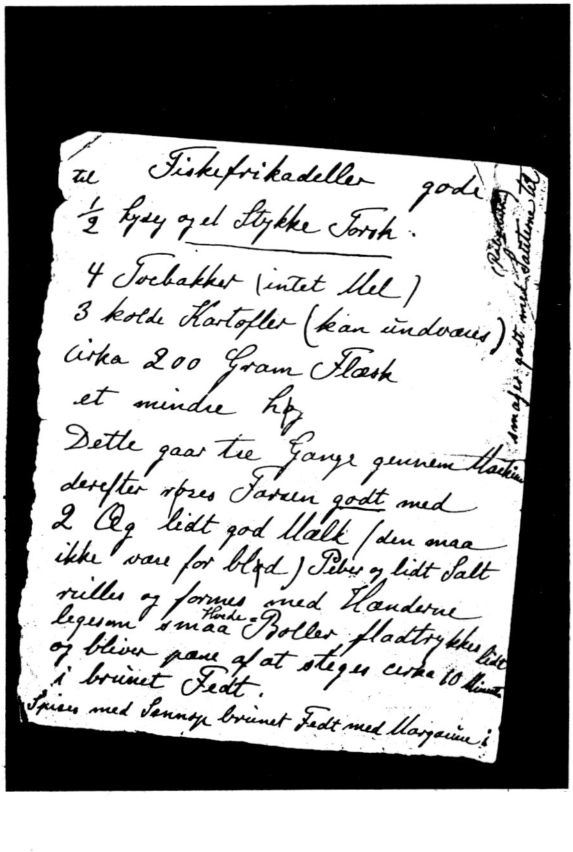

til Fiskefrikadeller gode
½ [illegible] og et Stykke Torsk.
4 Tvebakker (intet Mel)
3 kolde Kartofler (kan undværes)
cirka 200 Gram Flæsk
et mindre hg
Dette gaar tre Gange gennem Maskinen
derefter røres Farsen godt med
2 Æg lidt god Mælk (den maa
ikke være for blød) Peber og lidt Salt
rulles og formes med Hænderne
ligesom smaa Hvede-Boller fladtrykkes lidt
og bliver pæne af at steges cirka 10 Minutter
i brunet Fedt.
Spises med Sennep brunet Fedt med Margarine i

AUS URGROSSMUTTERS KÜCHE

FISCHFRIKADELLEN

1/2 Seelachs oder ein Stück Dorsch
4 Zwieback (kein Mehl)
3 kalte Kartoffeln (können weggelassen werden)
ca. 200 g Speck
1 kleine Zwiebel

Zutaten drei Mal durch den Fleischwolf drehen. Danach das Hack gut mit 2 Eiern und etwas guter Milch verrühren (es soll nicht zu weich werden). Mit den Händen rollen und zu kleinen Kugeln formen. Diese etwas flachdrücken und ca. 10 Minuten in gebräuntem Fett braten.
Servieren mit Senf und gebräuntem Fett mit Margarine.

FISCHFRIKADELLEN

1/2 kg gehackter Dorsch, Seelachs oder Schellfisch
1-2 Zwiebeln
2 Teel. Salz
1/2 - 1 Teel. Pfeffer
1 Essl. Mehl
1 Essl. Kartoffelmehl
125 g Speck (frisch oder geräuchert)
100-200 ml Milch oder Sahne
Margarine oder Öl zum Braten

Speck zusammen mit dem Fischfleisch hacken.
Speck kann man auch in kleine Würfel schneiden und zum fertigen Fischhack geben.

FISCHFRIKADELLEN IN DER HÜLLE

1 Packung Schinken
1/2 kg Fischhack
1 1/2 Teel. Salz
1/2 - 1 Teel. Pfeffer
1 Essl. Weizenmehl
1 Essl. Kartoffelmehl
1 Zwiebel
1-2 Eier
200 ml Schlagsahne
evtl. etwas Milch

Je zwei Schinkenscheiben zu einem Kreuz übereinander legen, darauf einen Löffel Hack geben und den Schinken zusammenfalten.
Bei gleichmässiger Wärme braten und mit Kartoffeln und angedicktem Spinat servieren.

FISCHFRIKADELLEN MIT SPECK (5 PERSONEN)

1 kg Dorsch- oder Wittlingfilet
300 g frischer Speck ohne Schwarte
1 Zwiebel
1 Teel. Salz
1/2 Teel. Pfeffer
1 Essl. Mehl
1 Essl. Kartoffelmehl
4-5 Eier (je nach Grösse)

Fischfilet, Speck und Zwiebel einmal hacken und die übrigen Zutaten dazugeben.
Sollte 2 Stunden vorher zubereitet werden und ein paar Mal vor dem Braten umgerührt werden.
Beilagenvorschlag: Kartoffeln oder Roggenbrot.
Als Sosse eignet sich: Buttersosse, helle Sosse und Rote Beete, braune Sosse, süss-saure Sosse, Sauce bearnaise, Sauce hollandaise oder Tomatensosse.

HERKUNFT:
Die Fischerbevölkerung an der Küste lebte früher fast ausschliesslich von Fisch. Um die Eintönigkeit zu brechen, mischte man Speck in die Fischfrikadellen. Auch heute gibt es viele, die Frikadellen auf diese Weise zubereiten.

FISCHKLÖSSE MIT CURRYSOSSE

1/2 kg Fischhack
(siehe Fischhackpudding)
600-700 ml Wasser
1 Teel. Salz
ca. 50 ml Reis pro Person

SOSSE
30 g Margarine
30 g Mehl
1 Teel. Curry
ca. 400 ml Fischsuppe
evtl. 1 kleine gehackte Zwiebel
oder 1 kleiner geriebener Apfel

Fleisch zu einer festen Hackmischung rühren. Diese zu grossen Klössen formen und ca. 10 Minuten in leicht gesalzenem Wasser kochen.
Margarine und Curry zusammen aufwärmen, Mehl dazugeben und mit der Fischsuppe aufkochen.
Soll die Sosse mehr Geschmack erhalten, schwitzt man die fein gehackte Zwiebel oder den geriebenen Apfel in Margarine zusammen mit Curry.
Dazu Reis servieren oder Kartoffelpüree.

FISCHSUPPEN

FISCHSUPPE

1 kg Dorsch, Makrele oder anderer Fisch
2 Liter Wasser
1 Teel. Salz
1 Bund Suppengrün
10 Pfefferkörner
2-3 Lorbeerblätter
3-4 Möhren
1-2 Lauchstangen

GEBUNDENE SUPPE
50 g Margarine
50 g Mehl
300 ml Milch
gehackte Petersilie oder Schnittlauch

Fisch ausnehmen, im Wasser zum Kochen bringen und Gewürze und Suppengrün zusetzen.
Den Fisch ca. 15 Minuten gar kochen lassen, aus der Suppe nehmen und in kleinere Stücke schneiden. Fisch in der Suppe servieren. Möhren in Scheiben schneiden und zusammen mit den in Ringe geschnittenen Lauchstangen in der Suppe kochen. Diese Suppe kann klar serviert werden. Man kann sie auch binden und evtl. Milch zusetzen.
Mit gehackter Petersilie oder Schnittlauch bestreuen und mit Kartoffelklössen servieren.

KARTOFFELKLÖSSE

90 g Margarine
125 g pürierte Kartoffeln
25 g Kartoffelmehl
2-3 Eier
1 Teel. Salz

Kartoffeln in Scheiben schneiden, kochen, pürieren und in einem Topf mit Margarine und Kartoffelmehl anbraten.
Den Topf von der Platte nehmen und Ei hineinrühren und Salz dazugeben.
Klösse in leicht gesalzenem Wasser kochen und in der Fischsuppe servieren.

FISCHSUPPE MIT GEMÜSE

Ca. 600 g Fischfilet, Dorsch, Scholle oder anderer Fisch
3 Zwiebeln
5 grosse Kartoffeln
2-3 Möhren
1 kleiner Blumenkohl
3 Essl. Öl
2 Essl. Mehl
2 Knoblauchzehen
1 Liter Fischbrühe (aus gekochtem Kopf und
Gräten oder Fischbrühwürfel)
1 Dose Tomaten
Saft von 1/2 Zitrone
Salz, Pfeffer
Thymian
100 ml Weisswein

Fisch ausnehmen, filetieren und häuten. Fischfilets abspülen, trocknen und in mundgerechte Würfel schneiden.
Zwiebeln schälen und in Ringe schneiden. Kartoffeln und Möhren schälen, Kartoffeln in Würfel schneiden und Möhren in Scheiben. Blumenkohl teilen.
Öl in einem Topf erwärmen und die Zwiebeln darin anschwitzen, sie sollen nicht braun werden.
Das übrige Gemüse dazugeben. Mehl darüberstreuen und mit Knoblauch würzen.
Fischbrühe, Tomaten und Zitronensaft dazugiessen und mit Salz, Pfeffer und Thymian würzen.
Die Suppe 10-15 Minuten köcheln lassen. Fisch dazugeben und weitere ca. 10 Minuten kochen.
Suppe mit Weisswein abschmecken und dampfend warm mit Vollkornbrot servieren.

FISCHSUPPE

Ca. 1,5 kg Fisch
Salz, 6-8 Pfefferkörner
1 Zwiebel
3-4 Petersilienzweige
1 Pastinak
1/2 Sellerie
1-2 Lauchstangen
100 ml Olivenöl
ca. 1,5 Liter Wasser
2 Schollenfilets
1 Dorschfilet
200 g Krabben
(können weggelassen werden)
1-2 Möhren
200 g Erbsen
300-400 ml Weisswein
1 Essl. Pernod
etwas Safran

Den ausgenommen Fisch und das Gemüse einen Augenblick in Öl anschwitzen, dann Wasser, Salz und Pfeffer zusetzen und die Suppe 20 Minuten köcheln lassen.
Die Suppe durchsieben. Fisch in mundgerechte Stücke schneiden und weiter in der Suppe mit den fein geschnittenen Möhren kochen.
Mit Wein, Pernod, Salz und Safran abschmecken.

BOUILLABAISSE - FISCHSUPPE

Für eine gute Fischsuppe verwendet man so viele verschiedene Fische wie möglich. Nimmt man Hummer, Krebse oder Muscheln, sollten diese vorher gekocht werden. Es eignen sich Dorsch, Seelachs, Makrele, Flunder, Heilbutt, Steinbutt, Lumpfisch, Aal und viele andere Arten.
Für ca. 1 kg Fisch mit Gräten rechnet man als Zutaten:
2 Zwiebeln, 2 Möhren, 2 Lauchstangen, 400 ml Fischbrühe (evtl. aus Wasser und Brühwürfel), 1 Dose Tomaten, 1 Lorbeerblatt, 1 Bund Petersilie, 1/4 Teel. Fenchel.
Frischen ausgenommen Fisch quer in Scheiben schneiden, so dass das Rückgrat in der Mitte der Scheiben ist. Gemüse putzen und in gleichmässige und nicht zu grosse Stücke schneiden. Gemüse in Butter in einem Topf bei schwacher Hitze mindestens 5 Minuten anschwitzen.
Fischbrühe und Flüssigkeit aus der Tomatendose dazugeben. Einen Gewürzstrauss binden aus Lauchblättern, Lorbeerblatt und den Stielen der Petersilie, und zusammen mit dem Fenchel in den Topf geben. Im geschlossenen Topf kochen bis das Gemüse fast gar ist. Nun die Fischscheiben und Tomaten in den Topf legen und nach Geschmack Salz und Pfeffer zusetzen. Fisch in geschlossenem Topf gar kochen, aber nicht verkochen lassen. Ein ganzer Fisch in Scheiben ist nach 8-12 Minuten gar. Zum Schluss die vorgekochten Hummer, Krebse, Krabben oder Muscheln dazugeben.
Gehackte Petersilie in die Suppe streuen und sofort servieren mit Baguettes oder nach marseiller Art, wo man eine Scheibe geröstetes Brot auf den Teller legt und die Suppe darübergiesst.
Zu diesem »Herrengericht« serviert man trockenen, gekühlten französischen Weisswein.

STEINBUTT- ODER HEILBUTTSUPPE

1 Steinbutt, ca. 1 1/2 kg,
oder 1 Heilbutt
ca. 1 1/2 Liter Wasser
1 Essl. Salz
50 ml Essig

Fisch ausnehmen und in Stücke schneiden.
Wasser mit Essig und Salz zum Kochen bringen und den Fisch hineinlegen. Die Suppe aufkochen lassen und den Fisch 15 Minuten kochen. Etwas der Suppe für die Sosse verwenden.
Eine kräftige Gemüsesuppe zubereiten aus grünen Lauchspitzen, Sellerieblättern, den Blättern von Wurzelpetersilie oder krauser Petersilie, Liebstöckel, Thymian und Majoran.
Gewürze ca. eine halbe Stunde kochen und dann herausnehmen. Nun kleine Stücke Möhren, Petersilienwurzel, Sellerie und Lauch (das Weisse) mit dem Salz hineingeben und ca. 10 Minuten kochen.
Beim Servieren füllt man erst Fischsuppe in die Teller, darauf Mehlklösschen und zum Schluss Gemüsesuppe.
Den Fisch mit Kartoffeln und süss-saurer Sosse servieren.
Man zubereitet die Sosse aus aufgekochter Fischsuppe mit Essig. 1 ganzes Ei mit Zucker verrühren und zur Sosse geben. Diese gut durchkochen, damit sie recht dick wird.

LACHSSOSSE ODER »FUCHSSOSSE«

Serviert man z.B zu geräuchertem Schwarzen Heilbutt, geräucherter Makrele oder marniertem Lachs.

2 Essl. heller französischer Senf
1 Essl. Zucker
2 Essl. Weinessig
100 ml Öl
2 Essl. feingeschnittener Dill

Senf, Zucker und Weinessig mischen. Hier hinein nach und nach das Öl rühren, wie für Mayonnaise.
Mit Salz und Pfeffer abschmecken und Dill dazugeben.

FALSCHE HOLLÄNDISCHE SOSSE

15 g Mehl
300 ml Suppe
2-3 Eigelb
100 g Margarine
Zitronensaft
1/2 Teel. Salz

Mehl in die Suppe rühren und unter Rühren zum Kochen bringen. Eigelb mit Salz verrühren und zur Suppe geben. Sosse kurz aufkochen lassen und mit Zitronensaft abschmecken.

KALTE SOSSE FÜR FISCHFRIKADELLEN

350 ml Creme fraiche 18%
1 hartgekochtes gehacktes Ei
1 1/2 Essl. feingehackte Zwiebel
1 1/2 Essl. gehackte Salzgurke oder Senfgurke
2 Essl. gehackte Petersilie
1 Essl. süsser französischer Senf
Salz und Pfeffer

KALTE GURKENSOSSE I

1 Gurke
200 ml Joghurt
50 g Rauchkäse
1 Essl. Zitronensaft
1/2 Teel. Salz, etwas Pfeffer
1 kleines Bund Schnittlauch

Rauchkäse musen und mit Joghurt und Kräutern mischen. Gurke in kleine Würfel schneiden und zum Dressing geben. Fein gehackten Schnittlauch darüberstreuen. Die Sosse ist als Beilage für Fischgerichte geeignet.

KALTE GURKENSOSSE II

1 Becher Creme fraiche
1/2 - 1 Gurke
8 Radieschen
1 Essl. Senf
Salz, Pfeffer
Schnittlauch

Creme fraiche mit Senf, Salz und Pfeffer verrühren. Gurke schälen und in Würfel oder Scheiben schneiden. Radieschen in Scheiben schneiden. Gemüse mit Creme fraiche vermischen und Schnittlauch darüberstreuen.

FISCHSALAT WITTLING

Wittling in Salzwasser mit 100 ml Essig und 1 gemahlenes Pfefferkorn je Liter Wasser kochen. Fisch in der Lake abkühlen lassen.
200 ml Mayonnaise, 50 ml Creme fraiche, 1 Essl. Tomatenmark, 1/2 Teel. Curry, 1 Teel. Paprika, 1 Schuss Tabasco.
200 ml Fisch in guten Stücken, 2 gekochte Eier in Vierteln, 100 ml Bohnen, 100 ml Tomaten in Vierteln.
Die Mayonnaise abschmecken mit Tomatenmark, Curry, Paprika und Tabasco. Den gekochten Fisch vorsichtig mit den anderen Zutaten vermischen. In einer Glasschüssel anrichten, die in Eisstücken steht. Mit Baguettes servieren.

INGES FISKESALAT CA. 6 PERS.

Ca. 1 kg Fisch ohne Gräten
1-2 Zitronen
50 ml Wasser
200 g Mayonnaise
100 ml Schlagsahne
ca. 1 Gurke
500 g Tomaten
500 g Erbsen
1 Dose Spargel
1 Salatkopf
4-5 hartgekochte Eier
Petersilie oder Dill

Fisch mit Salz und Pfeffer bestreuen und in eine Bratenform legen. 50 ml Wasser und 1-2 Essl. Zitronensaft oder Weisswein darübergiessen. Bei 220 Grad ca. 20-30 Minuten in den Ofen stellen. Abkühlen lassen, in kleine Stücke schneiden und in einer Schüssel anrichten.
Mayonnaise mit Sahne verrühren, abschmecken mit Zitronensaft, Salz, viel Petersilie und Dill und über den Fisch geben. Garnieren mit Eier- und Tomatenstücken, Erbsen und Salat.

FISCHSALAT

THUNFISCHSALAT

400 g Eisbergsalat
200 g Erbsen
100 g Ananas
1 Dose Thunfisch (150 g)
oder 1 Dose Krebsscheren
oder 1 Rest Dorsch
40 g Bohnensprossen

DRESSING
100 ml Creme fraiche
100 ml Joghurt
1/2 Teel. Senf
2 Essl. Zitronensaft
1/2 - 1 Teel. Salz
1/2 Teel. Zucker
etwas Pfeffer

Salat spülen und in Streifen schneiden. Ananas in kleine Würfel schneiden. Mit Erbsen, Fisch und Bohnensprossen mischen und in einer Schale anrichten.
Dressing mischen und mit Vollkornbrot oder Baguettes servieren.

MUSCHELSALAT

1 Eisbergsalat
1 Packung gefrorene Reismischung
(Erbsen, Mais, Paprikaschote)

MARINADE
50 ml. Olivenöl
25 ml Zitronensaft
1 Essl. französischer Senf
2 gehackte Knoblauchzehen

1 grüne Paprikaschote
1 Dose Muscheln
2 hardgekochte Eier
1 Bund Dill
Salz und Pfeffer

Salat in Streifen schneiden und auf den Boden einer grossen Schüssel legen. Mit grob geschnittener Paprika und Muscheln mischen. Die aufgetaute Reismischung (kann evtl. kurz aufgekocht werden) kalt mit der Marinade vermengen und über den Salat geben.
Garnieren mit geviertelten Eiern und Dill. Servieren mit warmen Baguettes oder Sauerteigbrot.

HIRTSHALS IN ALTEN TAGEN

VON JØRGEN HEJLESEN

In den siebziger Jahren des 19. Jahrhunderts zogen etwa 25 Familien nach Hirtshals. Die meisten von ihnen waren Fischer. Man kann sich fragen, wie diese Menschen gelebt haben und wovon.

Ja, auch vorher lebten einige Familien in Hirtshals: Da gab es für den Leuchturm einen Leuchtturmmeister und drei Helfer, die vom Staat angestellt waren.

Ebenfalls gab es einen Zöllner (Strandfogt) und einen Gasthofpächter. Aber alle anderen waren Fischer. Zu der Zeit gab es keinen Kaufmann in Hirtshals. Aber bald kam ein Krämer, der sich in dem alten Packhaus einrichtete. Er verkaufte die allernotwendigsten Haushaltswaren, dazu Tonpfeifen, Pfeifentabak und Brandwein. Hier konnte man sich nach Möglichkeit versorgen.

Sonst lebte man von Fisch, Kartoffeln und selbstgebackenem Brot. Fisch war das alles überregende Gericht. Gab es Fangwetter, bekam man frischen Fisch. Aber es gab auch lange Perioden, wo man mit den kleinen Fahrzeugen, die man damals hatte, nicht aufs Meer hinausfahren konnte. Dann musste man sich mit gesalzenem Fisch, Dorsch und Schellfisch, begnügen. Schellfisch war besonders bevorzugt.

Im Sommer deckte man sich mit einem grossen Vorrat an getrocknetem Fisch ein, besonders Schollen und Dorsch.

Die hingen in grossen Bündeln auf dem Boden neben dem Schornstein, um trocken zu bleiben. Der getrocknete Fisch hatte eine wichtige Bedeutung, weil er sich den ganzen Winter über frisch halten konnte. Auch wenn er manchmal sehr salzig war, bedeutete das nicht so viel, weil man ihn die Nacht über wässerte oder das Kochwasser einmal auswechselte. So bekam der Fisch dennoch einen guten Geschmack.

Ich glaube nicht, dass es in der Lebensweise der Fischer über viele Jahre eine Veränderung gab. Ich kann mich jedenfalls

daran erinnern, dass wir in meiner Jugend noch genauso lebten (um 1920).
Im Winter bei östlichem Wind und der Kälte verschwandt der Dorsch von den nahen Fischgründen. Dafür kam eine unglaublich grosse Menge kleiner Rochen. Die waren unverkäuflich, konnten aber trotzdem gut verspeist werden. Ich kann mich gut daran erinnern, dass mein Vater einmal draussen zum Fischen war und mit Kisten voller Rochen zurückkam. Vater nahm soviel, wie auf seine Schubkarre passte, und kippte sie zu Hause in eine Schneewehe. Der Winter setzte fort, und die Fischerei ruhte eine lange Zeit. Es dauerte nicht allzuviele Tage bis Fischer kamen, einer nach dem anderen, und fragten, ob sie nicht 5-6 Rochen zum Essen bekommen könnten. Die konnten sie sich einfach draussen nehmen. So wurden es viele, die ihr Vergnügen daran fanden.
In einem anderen Winter war unser Trockenfisch aufgebraucht. Das war eine ernste Angelegenheit. Was sollten wir nun essen, solange es kein Fischwetter gab? Im Winter davor hatte Vater ein paar Kisten Wittling mit nach Hause gebracht. Die hatte er nicht verkaufen können. Deshalb hatte er sie eingesalzen, um sie im Sommer als Köder für Hummer zu verwenden. Nachdem sie eine gewisse Zeit im Salz gelegen hatten, hatte man sie zum Trocknen aufgehängt. Sie waren so hart wie Holz geworden und hingen jetzt in einem grossen Büdel draussen im Anbau. Vater ging nach draussen, häutete ein paar davon und probierte sie. Ja, sie schmeckten eigentlich ganz gut. Und so wurden einige davon zum Essen gekocht. Ich kann mich gut daran erinnern, dass wir dachten, dass sie besser schmeckten als der getrocknete Dorsch, den wir gewöhnlich assen. In so einer Situation musste man sich ja so gut wie möglich durschschlagen. Ich habe von vielen getrockneten Dorschköpfen gehört, die eigentlich als Köder für Hummer gedacht waren, aber im Laufe des Winters auf den Mittagstisch kamen und gegessen wurden.
Grosse Rochen konnte man damals nicht verkaufen, aber trotzdem kamen davon ein Teil an Land. Kræn Løth, der

Fischhändler, nahm sie den Fischern wohl ohne Bezahlung ab. Er legte sie in etwas Salz ein und hängte sie auf ein Trockengestell, das er bei seinem Fischpackhaus hatte. Dort hangen sie und standen für jeden, der ein Stück zum Mittag haben wollte, zur freien Verfügung.
Getrocknete grosse Rochen sind überhaupt kein Leckerbissen. Und es gab deswegen nur ganz wenige, die sie verzehrten. Es gab aber auch einige, die vorgaben, sie zu mögen. Im Laufe des Winters verschwanden alle Stück für Stück.

EIN TAUFFEST

Mein Urgrossvater hiess Peder Pedersen Hejlesen und wohnte auf einem Hof, der an der Westseite des Weges »Limtræ Lilleheden« liegt. Er hatte zwei Söhne. Der Älteste von ihnen hiess auch Peder Pedersen Hejlesen. Der Jüngste war mein Grossvater, Jørgen Pedersen Hejlesen.
Als mein Urgrossvater alt wurde, und den Hof nicht mehr versorgen konnte, übernahm der Älteste der Söhne, Peder, den Hof. Mein Grossvater hatte sich damals schon längst als Fischer in Hirtshals niedergelassen.
Peder und seine Frau Inger hatten schon zwei oder drei Töchter, aber noch keinen Sohn. Endlich kam dann ein Junge. Als der getauft werden sollte, wollte man das richtig feiern.
Jørgen und seine Frau Grethe wurden zusammen mit vielen anderen zum Mittag eingeladen. Der Sohn wurde auf den Namen Peder getauft, genauso wie sein Vater und Grossvater und übrigens auch sein Urgrossvater. Als sich die Mahlzeit am nachmittag dem Ende näherte, begann Grethe davon zu sprechen, dass sie nun zu ihren vier Söhnen nach Hause müssten, die alleine waren. Sie wollte nach Hause gehen, um ihnen etwas zu essen zu machen. Aber davon wollte Inger nichts hören. Die könnten doch hierher zum Essen kommen. Man gab ihnen Bescheid, und die vier Jungen, Peder, An-

dreas, Jesper und Johannes wurden geholt und an die Festtafel gesetzt. Nun darf man nicht vergessen, dass die Kinder in Hirtshals zu der damaligen Zeit nicht an Festessen gewöhnt waren. Ihre tägliche Nahrung bestand aus frischem, gesalzenem oder getrocknetem Fisch. Nun, wo sie an einer Tafel sassen, an der es im Menü überhaupt keinen Fisch gab, kannte ihr Appetit keine Grenzen. Zuerst wurden gut belegte Butterbrote serviert, und sie langten kräftig zu, ohne daran zu denken, dass noch mehr serviert werden sollte.

Danach gab es Schweinebraten. Ihnen wurde gesagt, dass sie nun endlich essen sollten, was sie auch ausgiebig taten.

Schweinebraten waren sie nicht gewohnt, den bekamen sie höchstens einmal im Jahr, zum Heiligen Abend. Deswegen assen sie alles, was sie konnten.

Sie kamen überhaupt nicht auf den Gedanken, dass noch mehr serviert werden sollte. Um so grösser war deswegen ihre Überraschung, als ihnen ein Dessert vorgesetzt wurde.

Sie wussten nicht, was es war. Aber es schmeckte so gut, dass sie wieder so viel assen, wie sie nur konnten, vielleicht sogar noch etwas mehr.

Als sie fertig waren, waren sie so übersatt, dass Grossvater zum Nachbarn, Chr. Eltved, gehen und seinen Handwagen ausleihen musste, um sie nach Hause zu fahren.

Jørgen Hejlesen

VERKAUF VON FISCH

Bevor die erste Auktionshalle gebaut wurde, verkaufte man den Fisch direkt am Strand, wenn die Fischerboote zurückgekommen waren. Der Fisch wurde von dem alten Kræn Løth aufgekauft, der selbst den Preis festsetzte.

Eines Tages fragte ein Fischer, der Dahl hiess (man nannte ihn »Dåhli«), vorher nach dem Preis. Aber das gehörte nicht zum guten Ton. Als Dahl später mit einem Fang Schollen zurückkam, fragte er Løth, was er ihm dafür geben wolle. Løth nannte einen Preis, der Dahl zu gering erschien. Deswegen antwortete er, dass er den Fang lieber mit nach Hause nehmen und trocknen wollte. Dann fuhr Dahl hinaus, um Hummer zu fischen. Als er aber mit seinem Fang zurückkam und ihn Løth zum Kauf anbot, sagte dieser nur: »Die kannst du mit nach Hause nehmen und trocknen!« Nun waren sie quitt.

□

Der selbe Kræn Løth war sonst ein zuverlässiger Mann, der den Fischern auch schon einmal Vorschuss auf ihren Fang gab. Und manchmal bezahlte er sogar mit Goldmünzen.

Falls man von ihm Geld leihen wollte, konnte man auch das. Kræn Løth schrieb dann auf eine grosse Tafel in seinem Fischerhaus: »Jens Peder hat heute 2 Kronen geliehen«. Das blieb dann stehen, bis das Geld bezahlt war.

2 Kronen waren damals viel Geld.

STICHWORTREGISTER

SEEHECHT

SEELACHS

SEETEUFEL

SEEZUNGE

STEINBUTT

TINTENFISCH

WITTLING

DEUTSCH - DÄNISCHES FISCHLEXIKON

Aal	Ål
Bachforelle	Forel
Dornhai	Pighaj
Dorsch	Torsk
Heilbutt	Helleflynder
Hering	Sild
Hornhecht	Hornfisk
Katfisch	Havkat
Kliesche	Rødtunge
Krabben	Rejer
Lachs	Laks
Lachsforelle	Ørred
Lumpfisch	Stenbider
Makrele	Makrel
Schellfisch	Kuller
Scholle	Rødspætter
Seehecht	Kulmule
Seelachs	Lyssej
Seeteufel	Havtaske
Seezunge	Søtunge
Steinbutt	Pighvar
Tintenfisch	Blæksprutter
Wittling	Hvilling

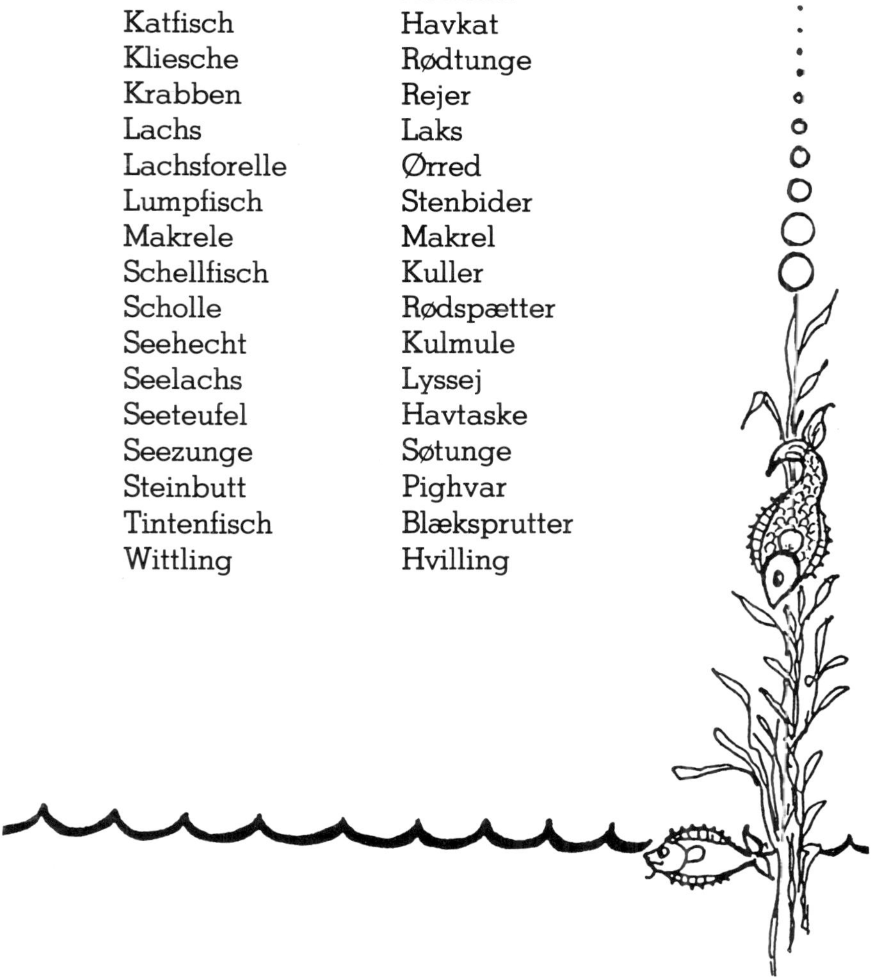

FOLGENDE PERSONEN HABEN MIT EINEM ODER MEHREREN REZEPTEN EINEN BEITRAG GELEISTET

Charlotte Andersen
Poul Dalsager
Svend Engelund
Conni Eriksen
Inger Espersen
Margit Espersen
Lars Graverholt
Ib Grønbech
Chr. Hougaard Hansen
Marie Hansen
Dinne Vrou Hansen
Frederik Hansen
Herdis Haugaard
Marie Foersom Hegndal
Grete Hjermitslev
Aase Ibsen
Bente Jensen
Bodil Jensen
Mary Jensen
Anna og Niels Jensen
Ellen Krage
Søren Lausted
Kristian Kjeldgaard
Inger og Knud Lauritsen
Inger Lilholt
Vita Løth
Edel Møll
Nga
Lis og Børge Nielsen
Dolly Nielsen
Hugo Nielsen
Minna Nielsen
Morten Nielsen
Ulla Nielsen
Grete og Wiktor Olesen
Gurli Petersen
Sølvi Rask
Tilla Rishøj
Irma Sekkelund
A. Green Skovgaard
Kirsten Starcke
Bodil og Knud Størup
Preben Sørensen
Irene Thomsen
Peter Thygesen

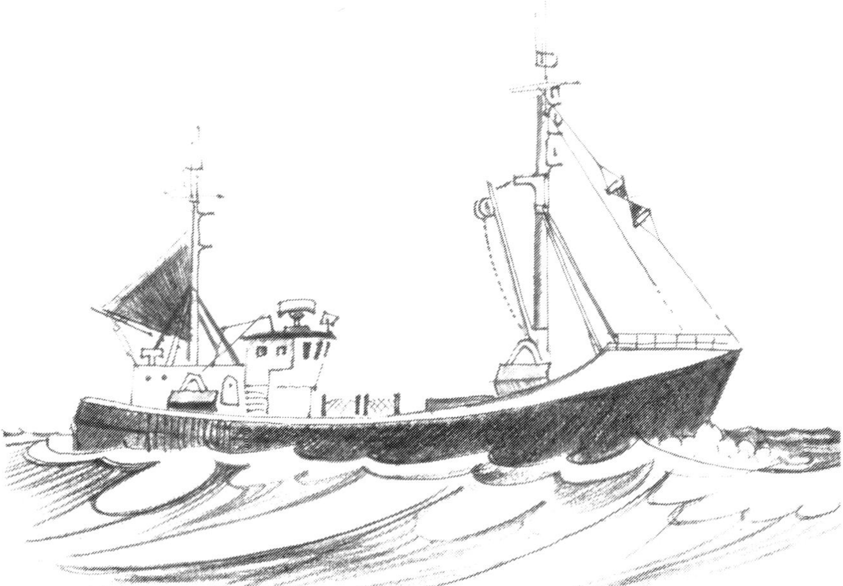